親権、校則、いじめ、PTA
——「子どものため」を考える

憲法の学校

Sota Kimura

木村草太

角川書店

憲法の学校

親権、校則、いじめ、PTA
——「子どものため」を考える

はじめに　なぜ憲法から考えるのか？

読者の中には、「憲法と教育に何の関係が？」と不思議に思う方もいるだろう。ニュースで憲法が話題になる時と言えば、「自衛隊と憲法の関係」「国会の議員定数不均衡」「女性天皇の可否」などをテーマにした時ばかりだ。憲法学者が、どういった観点から教育に関心を持つのか見当がつかなくても当然だ。まずは、「なぜ、憲法学者が教育について検討する必要があるのか」をお伝えしたい。

一　教育における非対称性

多くの人は、子ども時代を心地よく懐かしむだろう。家族で過ごした日常、旅行の記憶、あるいは、学校の授業や友人関係、給食、体験活動などだ。ただ、嫌な記憶が強い人も、少なからずいる。その背景にあるのは、親や教師といった「教育する側」と子どもたち「教育される側」との間にある、強い非対称性だ。大人は、人生経験も知識も腕力も強い。子どもたちを評価し、指導する法的権限も持っている。これに対して、子どもは、あらゆる意味で弱い。

この非対称性は教育の本質だし、大人たちに与えられた立場や力は、子どもたちを守り、よりよく導くためにある。ただし、これが悪い方向に出てしまうことがある。

例えば、親が、本人の希望や適性を考えずに中学受験を強要したり、あるいは「家業」や宗教を理由に学びを阻害したりしたらどうか。学校の校則や制服の決まりが、あまりに不合理だとしたらどうか。

子ども自身が親を訴えることは、ほぼ不可能だ。家庭という密室の中では、ただひたすら服従するしかない。校則や制服も、学校が柔軟な対応を示してくれればよいが、子どもが意見を言う機会はそうそう認められない。たまりかねて抗議の声を上げれば、成績や内申点に影響するとほのめかされたり、別室指導をちらつかせられたりする。こうして、子どもたちは、権力の横暴を体験することになる。

こう考えると、教育の場は、取扱注意の空間だと分かる。社会学者の内藤《ないとう》朝雄《あさお》は、いじめを論じる論稿[1]で、「有害閉鎖空間設定責任」という概念を提唱した。人間を閉鎖された空間に閉じ込めると、人間関係形成の自由が乏しくなる。気の合わない者との交流を強いられる時間が長くなれば、ストレスが高まる。徒党を組み、特定の者を攻撃する「いじめ」が娯楽になるケースも、当然出てくる。閉鎖空間では、内部の権力者は誰からも牽制《けんせい》されず恣意《しい》的に振る舞える一方で、被害者には逃げ場がない。人権を守る視点からは、有害閉鎖空間の設定を最小限にし、権力や徒党は適正に制限されねばならない。

この概念は、学校だけでなく、教育虐待が起きる家庭や、狭い意味での学校以外の習い事、教育施設にも適用可能だろう。有害閉鎖空間になりかねない場所の大人には、弊害が生じたときに適切に対処する義務を課さなくてはならない。

これは、憲法が国民に国家に対する権利を保障した論理とよく似ている。だから、教育の場での子どもの権利というテーマは、憲法学者としても強い関心事になる。

二　民主主義と教育

日本の憲法は、民主主義を基本原理とした。民主主義とは、それぞれの個人が、何が公共の福祉のためになるかを自由に考え、意見を述べ、積極的に社会的な決定に参加する政治のあり方だ。

人間は、何もしなくても、自然と民主主義を実現できる動物だろうか。確かに、人間の活動の中には、息をする、眠るなど、特別な訓練をしなくても、自然と身に着くものもある。しかし、積極的に考え、他者に意見を届け、制度や社会が自分の意見で変わるかもしれないという確信を持てるようになるには、訓練が必要だ。

校則や制服など、自分たちに適用される決まりにすら、何も意見を言えない。合理的な根拠も説明してもらえない。そういう環境で、民主主義の訓練ができるはずもない。だから、民主主義の観点からも、教育には強い関心を寄せる必要がある。

三　「教育を受ける権利」と公教育

そうだとすれば、メディアでは取り扱われることはあまり無くとも、憲法は教育に関心をずっと寄せてきたはずではないか。憲法の歴史を調べてみると、教育への強い関心が見えてくる。

もともと、教育は「私事」とされ、国家や憲法から自由に行われた。どのような教育を受けるかは不統一で、親や当人の身分・経済力等に応じ選択された。フランス修道会の例に見られるように、宗教団体は、学校の設置と児童教育に強い影響力を行使した。

しかし、近代以降、教育は私事ではなくなる。近代国家は、すべての国民を平等に扱う。当然、教育も、身分や経済力によらず、等しく受けられねばならない。各国の憲法は、「教育を受ける権利」を明記していった。[2]

では、教育を受ける権利を、どう定義したらよいだろうか。それには、二つの道があった。

第一は、「教育内容の自由主義＋教育費用の福祉主義」という道だ。どのような教育を受けるかは、あくまで親や当人の選択に委《ゆだ》ね、憲法は経済的側面だけを保障する、というやり方だ。しかし、教育は、一定の信仰や価値観を前提に構築される。例えば、カソリックはカソリックの信仰、プロテスタントはプロテスタントの信仰に基づいて、教育を体系化する。教育内容を選択に委ねたのでは、人々は宗教や思想で分断された教育を受けることになる。これでは、多様な宗教や思想を持つ者が共存する「近代国家」のプロジェクトに合致しない。

近代国家を担う国民を作るには、どのような宗教、思想の者であっても共有すべき普遍的な価値に基づく教育を構想しなければならない。これが普通教育とか、公教育と呼ばれるものだ。ここに、教育を受ける権利を「公教育を受ける権利」と定義する第二の道が生まれる。国家は、教育費用の援助だけでなく、すべての国民が受けるにふさわしい公教育の制度を整えることになる。その制度の中核となるのは、公立学校の設置と、国家による私立学校認可制度だ。

第二の道を行く場合、公教育の中核となるのは科学だ。科学は、特定の理論や事実認識の絶対視を許さず、検証対象とする。すべてが検証対象となるからこそ、多様な宗教や思想を持つ国民の共通基盤になりうる。

これに対して、宗教は、信仰体系の中核事実（例：人間は、進化によって生まれたのではなく、神が自らの似姿として創造した）の検証を許さない。特定の思想を絶対視し、その正しさや妥当さを問うことを否定する教条的態度[3]も、科学と正面から衝突する。

一般に憲法は、公教育が宗教や教条的思想に介入されることを防ごうと努める。教育の政教分離はもちろんのこと、政治や行政が、非科学的関心で教育内容に介入することにも警戒的になる。時には、「（公教育に反する）親の教育権の制限」が憲法に盛り込まれる。

日本国憲法も、子どもたちに「教育を受ける権利」を保障した（憲法二六条一項）。ここでいう「教育」は、宗教団体や親が好き勝手に選ぶものではない。憲法は、国家の公教育に宗教教育を持ち込むことを禁止し（憲法二〇条三項）、親を含む保護者に、その宗教・思想を問わず、子どもに「普通教育」を受けさせる義務を課した（憲法二六条二項）。

このように、大人との非対称性から子どもの権利を守り、民主主義の担い手を育てるには、公教育を憲法の観点から検証する必要がある。本書ではじっくりと、憲法と学校・教育というテーマを掘り下げてみたい。

【註】

1 内藤朝雄「いじめ・学校・全体主義、そして有害閉鎖空間設定責任」『月報 司法書士』第五五九号、日本司法書士会連合会、二〇一八年。

2 この経緯は、奥平康弘「教育を受ける権利」芦部信喜編『憲法Ⅲ 人権（2）』有斐閣、一九八一年、三六一頁以下に詳しい。

3 科学の活動でも、「気候変動を阻止すべき」、「学校でのいじめを少なくすべき」という価値・思想を前提に研究・提言がなされるが、これらの価値・思想自体も検証対象にすることは許され、時に奨励される。科学に登場する価値は常に仮説的であり、科学的提言は「（もし）気候変動を阻止すべきだから（と言えるなら）、再生可能エネルギーを普及させるべきだ」などと言った条件的提言として扱われる。

目次

日本国憲法（抄）

（昭和二十一年十一月三日）

日本国民は、正当に選挙された国会における代表者を通じて行動し、われらとわれらの子孫のために、諸国民との協和による成果と、わが国全土にわたつて自由のもたらす恵沢を確保し、政府の行為によつて再び戦争の惨禍が起ることのないやうにすることを決意し、ここに主権が国民に存することを宣言し、この憲法を確定する。そもそも国政は、国民の厳粛な信託によるものであつて、その権威は国民に由来し、その権力は国民の代表者がこれを行使し、その福利は国民がこれを享受する。これは人類普遍の原理であり、この憲法は、かかる原理に基くものである。われらは、これに反する一切の憲法、法令及び詔勅を排除する。

日本国民は、恒久の平和を念願し、人間相互の関係を支配する崇高な理想を深く自覚するのであつて、平和を愛する諸国民の公正と信義に信頼して、われらの安全と生存を保持しようと決意した。われらは、平和を維持し、専制と隷従、圧迫と偏狭を地上から永遠に除去しようと努めてゐる国際社会において、名誉ある地位を占めたいと思ふ。われらは、全世界の国民が、ひとしく恐怖と欠乏から免かれ、平和のうちに生存する権利を有することを確認する。
われらは、いづれの国家も、自国のことのみに専念して他国を無視してはならないのであつて、政治道徳の法則は、普遍的なものであり、この法則に従ふことは、自国の主権を維持し、他国と対等関係に立たうとする各国の責務であると信ずる。
日本国民は、国家の名誉にかけ、全力をあげてこの崇高な理想と目的を達成することを誓ふ。

第十三条　すべて国民は、個人として尊重される。生命、自由及び幸福追求に対する国民の権利については、公共の福祉に反しない限り、立法その他の国政の上で、最大の尊重を必要とする。

第十四条　すべて国民は、法の下に平等であつて、人種、信条、性別、社会的身分又は門地により、政治的、経済的又は社会的関係において、差別されない。

2　華族その他の貴族の制度は、これを認めない。

3　栄誉、勲章その他の栄典の授与は、いかなる特権も伴はない。栄典の授与は、現にこれを有し、又は将来これを受ける者の一代に限り、その効力を有する。

第十九条　思想及び良心の自由は、これを侵してはならない。

第二十一条　集会、結社及び言論、出版その他一切の表現の自由は、これを保障する。

2　検閲は、これをしてはならない。通信の秘密は、これを侵してはならない。

第二十三条　学問の自由は、これを保障する。

第二十六条　すべて国民は、法律の定めるところにより、その能力に応じて、ひとしく教育を受ける権利を有する。

2　すべて国民は、法律の定めるところにより、その保護する子女に普通教育を受けさせる義務を負ふ。義務教育は、これを無償とする。

第二十七条　すべて国民は、勤労の権利を有し、義務を負ふ。

2　賃金、就業時間、休息その他の勤労条件に関する基準は、法律でこれを定める。

3　児童は、これを酷使してはならない。

第八十九条　公金その他の公の財産は、宗教上の組織若しくは団体の使用、便益若しくは維持のため、又は公の支配に属しない慈善、教育若しくは博愛の事業に対し、これを支出し、又はその利用に供してはならない。

第一章

親の権利はどこまでか

――親権、ＰＴＡ

一、「親の権利」を正当化するもの

ダグラスという裁判官は、ふだんは首尾一貫して公権力による自由制限ということに非常にきびしい態度をとってきた。この事件では珍しく、公権力による義務強制、それによる親の信教・教育の自由の制限を肯定すべしという少数意見を書いたわけである。ダグラスは、親の自由を否認することによって、こどもの将来を選択する自由を、こどもに代わって確保してやるのが現代国家の役目である、と解したのであった。

——奥平康弘《おくだいらやすひろ》『憲法Ⅲ　憲法が保障する権利』

「はじめに」では、総論として、学校には近代法の原理をより広く導入していく必要があることを指摘した。今回は、憲法と学校の関係を論じる前提として、親や保護者の「子どもを教育する権利」について検討してみたい。

子どもは自律的な判断能力の形成途上にある。親や保護者の援助なしには、学校にたどり着くことすらできず、教育を受けることができない。このため、親や保護者には「子どもを教育する権利」が保障される。この権利には、学校を選択する権利、学校での教育内容に一定の要求をする権利なども含まれる。この権利の性質をどのように理解すべきか。これが今回の主題だ。

一―一　憲法と親権法

(1)　憲法上の権利具体化法律としての親権法

民法八二〇条は「親権を行う者は、子の利益のために子の監護及び教育をする権利を有し、義務を負う」と定める。「親権を行う者」は、必ずしも生物学的な父母に限らず、養親も含まれる。親権を行う者がいないときは、未成年後見人を置くことができる(民法八三八条)。また、児童相談所長が一時保護した児童の親権を行う場合もある(児童福祉法三三条ノ二)。

横田光平《よこたこうへい》教授は、こうした親権法と憲法との関係は「未だ十分に意識されていない」が、憲法上の親の権利は「法律による具体化」を要する権利であり、親権法は権利具体化法律の一種と理解すべきと指摘する[1]。憲法上の権利具体化法律とは、憲法の定める抽象的権利の内容を具体化するための法律を言う[2]。

親権法の規定が憲法と無関係だとしたら、両親に親権を全く認めず、国家全体で子どもを共有し、共同で育てる制度[3]を採用しても違憲でないことになる。しかし、その結論を支持する者は少ないだろう。親が子を監護する権利及び教育する権利は、憲法上の保障を受けると理解するのが妥当だ。以下では、学校との関係で特に重要になる、親の「教育する権利」について考察したい。

（２）親の「教育する権利」に関する六つの理解

親の「教育する権利」を保障する根拠はどこにあるのか。東京帝国大学で教鞭《きょうべん》を執り、戦後の法制度の礎を築いた田中耕太郎《たなかこうたろう》教授は、ドイツの学者を参照しつつ、次の六つの理解があると説く[4]。

①所有権説：教育権は、子どもの所有者の権利だ。

②決定説：教育権は、被教育者がある社会（家族、階級、国家、民族等）に属すると定められたことを根拠に、その社会の権利として発生する。

③効果説：教育権は、教育の理念・任務を最も効果的に実現する制度に発生する。

④授権説：教育権は、被教育者から理想的人格を目指すために授権された権利だ。

⑤後見説：教育権は、強者が弱者を庇護《ひご》する義務から発生する権利だ。
⑥管理者説：教育権は、客観的諸価値（人道の理念）の管理者たる教育者に与えられる権利だ。

憲法は、すべての国民を個人として尊重することを基本原理とする（憲法一三条）。子どもがモノではなく個人である以上、子どもを親や国家に従属させる①所有権説や②決定説は、日本国憲法の理念にそぐわない。田中教授も、今日では①や②の見解が不当であることを前提に、これらの見解を総合する。

（3）愛情に基づく権利

田中教授が強調するのは、「教育は権威関係のみならず、愛の活動である」という点だ。教育の実践には、子どもと親密なコミュニケーションをとって個性を把握し、その子にとって何が最も適切な教育なのかを常に考える必要がある。それは、子どもへの愛なしにはできないだろう。田中教授は、「愛による結合である」という点で家族が教育権の担い手としてふさわしいと結論する。[5]

こうした田中教授の立論には、ポイントが二つある。第一に、子どもは教育を受ける権利の主体であり、客体ではない。第二に、子どもが受けるべき教育は、どんなものでもよいわけではなく、自らに深い愛情を注ぐ者によって、子どものために選ばれたものでなくてはならない。

　これを踏まえると、親の教育する権利は、親の利益のための権利ではなく、あくまで子どもの権利だと理解すべきだ。ただし、子どもは自律的に権利を行使できない段階にあるため、親に後見的に行使してもらう必要がある。だから、親の権利でもあるとされる。また、親が子どもの教育を受ける権利の後見的行使を委《ゆだ》ねられるのは、子どもに愛情を注ぐ主体として最も適切と推定されるからだ。親が十分な愛情を注げない場合には、親の「教育する権利」は制限または剝奪《はくだつ》され、子の「教育を受ける権利」を保障するために別の者に委ねられると解すべきである。

　このような考えから、親の「教育する権利」は、憲法二六条で保障された子どもの「教育を受ける権利」と表裏一体の権利として、同条で保護されると解釈すべきと言える。また、諸外国の憲法では親の教育に関する義務を明文で書かないものもあるが、日本の場合、憲法二六条二項が「すべて国民は、法律の定めるところにより、その保護する子女に普通教育を受けさせる義務を負ふ」と定めている。これは、親の「教育する権利」が、子どものための権利であることを明確にした規定[6]と位置付けるべきだ。

以上が、憲法上の親の教育権の性質と内容となる。民法の親権法の規定は、これを具体化するための権利具体化法律と理解できるだろう。[7]

一―二　補助線となるアメリカ判例

（1）マイヤー判決とピアス判決

次に、憲法上の親の教育権をめぐってどのような問題が生じ得るかを検討しよう。日本では親の教育する権利が法律で制限される例があまりない。そこで、しばしば参照されるのがアメリカの判例である。

アメリカにおける親の教育する権利の先駆的な判例として、連邦最高裁判所のマイヤー判決（Meger v. State of Nebraska, 262U. S. 390（1923））が挙げられる。

一九二〇年代初頭のネブラスカ州には「ネブラスカ州における外国語教育に関する州法」があった。同法では、八年生（日本の中学二年生に相当）の課程を修了していない子どもに英語以外の言語を教育することは、私立学校・宗教学校・公立学校のいずれにおいても禁止されており、違反した教師らに罰金が科されていた。ある宗教学校でドイツ語を教えたことを理由に罰金を科された教員Yは、この州法が連邦憲法第一四修正の適正手続（due process）条項に違反すると主張した。

なぜ、適正手続の条項が問題になるのかは、解説が必要だろう。アメリカの連邦憲法第一四修正第一節には、各州が州民から適正手続（due process）なしに生命・自由・財産を奪えないと定めた条項（due process 条項）と、平等な保護を奪えないと規定した条項（equal protection 条項）がある。連邦憲法には州民が州に対し行使できる権利の条項が少ないため、この二つの条文が主張に使われることが多い。前者の適正手続条項は、「適正手続」のみならず、「自由」や「財産」などの実体的な権利を保障した規定でもあるとの理論が支持されている。この理論は「手続的 due process」との対比で、「実体的 due process」理論と呼ばれる。

判決は、この条項で保障された「自由」は、「疑いなく、たんに身体拘束からの自由のみならず、自由人による平穏な幸福追求のために不可欠なものとして、契約し、いかなる一般的な人生の職業にも従事し、有用な知識を獲得し、結婚し、家庭を築き、子どもをもうけ、自らの良心の指示によって神を敬い、一般にコモンローで長らく認められてきたこれらの特権を享受する権利を示したものだ」と判示した。[8]

その上で、親が当該学校に通わせる権利や、そこでYら教員が教育を行う権利は、第一四修正で保障された権利に含まれると認定した。そして、「長い間自由に享受されてきた権利の制約の帰結を伴う権利の制限を正当化するほどに、子どもたちの英語以外の諸言語の知識を、明らかに有害なものへと変える緊急事態など発生していない」[9] 以上、親の教育する権利、及び、親に依頼されて教師が教育する権利の制限は正当化できないとして、問題のネブラスカ州法を違憲無効とした。

また、ピアス判決（Pierce v. Society of Sisters, 268U. S. 510（1925））では、八～一六歳の子どもは公立学校に通わねばならず、私立学校に通ってはならないと定めたオレゴン州法の合憲性が問題となった。判決は、マイヤー判決を引用し、同判決の法理の下では、問題のオレゴン州法が「親と保護者の彼らの管理の下での子どものしつけと教育を指導する自由の不合理な制約」だとした。[10]

マイヤー判決とピアス判決は、子どもに対する親の憲法上の権利の保障を確立した判例として、現在でもしばしば引用される。例えば、リトルフィールド判決（Littlefield v. Forney ISD, 268 F. 3d 275（5th Cir. 2001））では、テキサス州フォーニー独立学区内の公立学校で制服着用義務を課す政策の合憲性が問題となった。

判決の認定によれば、フォーニー独立学区では、一九九九年四月から、公立学校で、白・黄色・赤・ネイビーの四色の無地のシャツ、青かカーキーのズボン、半ズボン、スカート、ジャンパーの着用を義務付ける政策が採用されていた。宗教などを理由にした免除はあるものの、子どもたちは原則としてこれに従わなくてはならない。違反した場合には、懲戒処分の対象になる。教育委員会は、「学校的精神と学校的価値を促進し、『礼儀正しさ（そしてそれにより、学校は秩序と学修の場であるという認識も）を促進し、権威の尊重を促進し、社会経済的緊張を減らし、出席を増やし、退学率を減らす』」ため、また、「学校に気づかれずに武器を持ち込む可能性や、教師たちが外部の者とフォーニー独立学区の児童・生徒を容易に区別できるようにすることに加え、ギャングと薬物に関係した活動を減らすことで、児童・生徒の安全を増進する」ために、制服政策を導入したと主張している。[11]

同判決は、制服政策を合憲としたが、論証の中で、生徒の表現の自由（第一修正）とともに、親の教育する権利（第一四修正）を検討し、憲法が親の教育する権利を保障していることを認めた連邦最高裁判決として、マイヤー判決とピアス判決を参照した。[12]

(2) 子どもの権利の観点

連邦最高裁判決が、親の教育する権利を憲法上の権利と認めた意義は大きい。その論証は、日本国憲法の解釈としても、親の教育する権利が憲法上保護されるという解釈を補強してくれる。

ただし、これらの判決を読む際には、次の点に注意すべきだ。ここで扱われた、外国語教育の一律禁止や私立学校の禁止といった法律は、第一次世界大戦後、アメリカ国内のナショナリズムが高揚する中で作られたものだった。対象となった法律がかなり極端なものだったせいか、判決の論証は「親にそういう権利がある」と書くだけで、親の教育する権利の性質や射程を十分に説明するものとは言い難い。

このため、判決の論証だけでは、親の教育する権利が、親の利益や支配のための権利だと誤解を招く危険がある。

ヨーダー判決（Wisconsin v. Yoder, 406 U. S. 205 (1972)）[13]の論証には、その危険が表れているようにも思える。アメリカには、アーミッシュという自動車や家電製品などの現代技術を使わず、昔ながらの暮らしを営もうとする宗教集団がある。この集団は、子どもの教育を自分たちのコミュニティ内部で行おうとし、しばしば公教育との軋轢《あつれき》が生じる。この事件では、アーミッシュの親がウィスコンシン州の義務教育法に反し、子どもに一定学年以上の教育を受けさせなかったことが問題となった。連邦最高裁のバーガー首席判事は、判事たち多数の一致した見解である「法廷意見」の中で、マイヤー判決やピアス判決を引用しながら、州法をアーミッシュに適用することは、親の教育する権利を侵害するもので違憲だと結論づけた。これに対し、ダグラス判事は、法廷意見が親の権利という観点で検討を進め、子どもの意見と利益への配慮がない点を批判する一部反対意見を執筆している。冒頭の奥平教授の教科書の記述は、それを指摘したものだ。

アメリカの親の教育する権利に関する連邦最高裁判決を参照する場合には、論証の限界に注意し、子どもの権利に配慮した読み方を心掛ける必要があろう。

今回の結論は、親の教育する権利は、日本国憲法二六条一項が保障する権利と位置付けることができるというものだ。ただし、これは、子どもの教育を受ける権利（同項）と表裏一体のもので、親自身の利益や支配のための権利ではない。あくまで、子どもへの愛情のため、子どもの利益を実現するために保障された権利だと理解すべきだ。

これに関連し、憲法上の親の教育する権利についてはアメリカの連邦最高裁判例がしばしば引用される。これらの判例を引用するときは、その限界を十分に意識せねばならない。

二、単独親権と共同親権

しつけというものは、子どものなかに、体系的な評価・判断や行動の秩序を作っていくプロセスである。だから、それには一貫性がなければならない。しかし、共同生活を維持できなくなって離婚した父母は、今や、それぞれの家で、それぞれの収入、価値観、都合で新しい生活を送りながら、その生活の一部に、子どもを交替で迎え入れる。（中略）子どもは、混乱し、親の方針を取り違えて失敗し、叱られ、自信と自尊心を傷つけられ、怒りをためる。

――長谷川《はせがわ》京子《きょうこ》「共同身上監護――父母の公平を目指す監護法は子の福祉を守るか」

前節で、親の「教育する権利」は、憲法二六条で保障された子どもの「教育を受ける権利」と表裏一体の権利として、同条で保護されると解釈すべきとの結論を示した。親が、子の教育方針を決定し、適切な教育を受けられる環境を整えることは、子の成長と教育を受ける権利の実現のために不可欠である。よって、親の教育する権利は、憲法上も手厚く保護されなくてはならない。

ただし、子の親は多くの場合、二人いる。この事実は、時に重大な意味を持つ。今回は、この点を検討したい。

二―一　親の教育する権利の前提

田中耕太郎教授は、教育がただの技術習得や権威の押し付けではなく、愛の活動だと強調する。[14] 子の両親は、子と愛情で結びついていることが一般的で、教育する権利の主体たるに相応《ふさわ》しいことが多い。このため、原則として、子を教育する権利は、父母が共同で行使することとなる。

もっとも、子どもへの教育に方針の一貫性がないと、子どもは混乱してしまう。父母の教育方針がそれぞれ異なり、かつ、それを擦り合わせたり、統合したりできない場合、父母による共同での教育は不可能だ。[15] 教育する権利を共同で行使するには、深い協力関係が前提となることを忘れてはならない。さらに、教育は一日二日で終わるようなものではなく、数年単位の継続性が必要だ。

だとすれば、憲法が共同で教育する権利を保障するのは、父母の間に深い協力関係が継続的・安定的にある場合に限られると解すべきだろう。

父母に継続的・安定的な深い協力関係がない場合、子の教育を受ける権利を保障するためには、父母いずれか一方の教育する権利は制限せざるを得ない。この制限は、教育する権利は子の最善の利益を図るためのものであることから生じる、内在的制約だ。[16]

二〇二四年五月、親権法の内容は大改正された。それを踏まえ、親権法の内容を憲法との関係で改めて整理・評価してみよう。

一―二　父母の婚姻と教育する権利

民法では、教育する権利は、民法の親権規定により実現される。民法によれば、親権には監護権と教育権が含まれている（民法八二〇条）。この点は、二〇二四年改正法でも同じである。身上監護（子どもの近くにいて世話をすること）と教育が同じ条文で規定されるのは、しばしば両者の境目が不分明[17]で、一体の権利とするのが適切なためとされる。

例えば、家で宿題を見たり、学用品の手配をしたりするのは監護と教育のいずれでもある。あるいは、学校選択は、一見、教育権のみの対象となるように思えるが、実は、監護権の対象でもある。学校の選択は監護のあり方と密接に関係する。例えば、あまりに遠方であるなど監護との関係で通学できない場所にある学校や、監護方針（例：服装や髪型は自由）と矛盾する運営方針（例：厳格な服装・髪型校則の徹底）の学校は選択しない方が無難だろう。

民法では、成年に達しない子のために父母が親権を行使する（民法八一八条一項）。旧民法では、親権が共同で行使されるのは父母が婚姻中のみで（旧民法八一八条三項）、それ以外の場合は一方の単独親権となった。このため、両親が婚姻関係にない非嫡出子や、離婚後の子は単独親権となる。ただし、親権を持たない父母は、赤の他人同様の全くの無権利者になるわけではなく、親権変更の手続により親権者になり得る地位を持った（旧民法八一九条六項）。

婚姻は、期限の区切りなしに[18]愛情に基づく共同生活を継続する関係に法的保護を与えたものだ。また、婚姻制度は、夫婦が子をもうけた場合に、夫婦に子を育てる権利・義務を設定する。[19]婚姻中の父母について、教育する権利を共同行使させることは、憲法の教育する権利の観点から見ても妥当と言える。

これに対し、新法では、非婚・離婚後も父母は共同親権とすることを合意で選択できる（民法八一九条一項、四項）。これは合意型共同親権である。さらに、父母のいずれか又は双方が共同親権に同意しない場合でも、裁判所は強制的に父母に共同で親権を行使するように強制できる（民法八一九条二項、五項）。こちらは非合意強制型の共同親権である。

二―三　父母の離婚と教育する権利

なぜ、非合意強制型の共同親権が導入されたのか。

一般論として、離婚は、夫婦の間で婚姻関係を継続するのが困難である場合に成立する。婚姻関係の継続困難の中には、父母としての協力関係を継続できない事情がある場合も多い。そうした場合に、教育する権利を父母に共同で行使させると、教育に関する意思決定がスムーズに行われない[20]。これは、子の最善の利益の確保という観点で好ましいことではない。だとすれば、離婚後の単独親権を原則とすることは、子の教育を受ける権利の確保という点で理に適っている。

しかし、立命館大学名誉教授である二宮《にのみや》周平《しゅうへい》教授は、ＮＨＫの取材に次のように答えている。

（前略）子の権利の保障を最優先に考えるなら、原則、共同親権が望ましい。共同親権を選択できれば、今のように父母が親権を激しく争って勝ち負けを決める場がなくなり、離婚後の子どもの生活をどう支えるか話し合う場に発想を転換できる。国際化に対応した基準を尊重して法制を作り上げるべきだ[21]。

これは、離婚後単独親権制を批判する言説の典型であると同時に、多くの誤りを含む言説だ。教育する権利の実現の観点からも有害な内容を含んでいるので、批判的に検討しておきたい。

まず前提として、両親の関係が良好なら、共同での養育を受けられる環境にある方が子にとって望ましいのは確かだろう。しかし、法律上の権利を共同にしたからと言って、父母の協力関係が成立するわけではない。[22] 良好な関係が維持できずに離婚した父母に対して「原則、共同親権」などというルールを設ければ、協力関係のない父母が、共有された方針もなく、それぞれ教育する権利を行使する事例が多く生じることになる。これは却《かえ》って子の利益を害することになる。

また、「父母が親権を激しく争って勝ち負けを決める場がなくな」るという主張も、全く根拠がない。離婚後の父母は同居義務がなくなり別居するのだから、親権を共同行使としても、子の主たる監護者は父母の一方に決めなくてはならない。原則共同親権というスローガンを掲げても、監護権の争いはなくならない。[23]

さらに、「原則、共同親権」との制度は、離婚時の紛争をより悪化させる懸念もある。これまでの制度なら、相手が親権を共同できないほどに信頼できない場合や、ＤＶや虐待などがある場合でも、「自分がより監護権者・親権者として相応しい」とだけ主張すればよかった。しかし、共同親権が原則になれば、信頼できないことを裏付ける事実や、DVや虐待など加害の事実を立証し、「相手と親権を共同できないこと」を積極的に主張しなければならなくなる。これでは、より激しい紛争の場になる可能性が高い。

二宮教授の論理は、〈共同親権にすれば父母の協力関係が作られる〉という因果関係を設定している。しかし、法制度では、良好な人間関係は作れない。〈良好な人間関係を築いた父母が、それに適合する法制度を選択する〉のが正しい因果関係だろう。

離婚後の共同親権[24]を導入するにしても、それは二―四に述べるように父母の協力関係の確保のための要件を充《み》たした場合に限るべきだった。この非合意強制型の共同親権の問題については、第三節で改めて論じたい。

二―四　共同親権が有効な場面

ただし、旧法下で、父母の関係が良好で、積極的かつ真摯《しんし》な合意がある場合にまで、共同親権を認めないことについては批判もあった。父母の間に子の教育に関し継続的・安定的な協力関係があり、共同で教育する権利を行使する合意がある場合、両者が婚姻していなくとも、教育する権利の共同行使を認める理由は十分ある。

父母が婚姻関係にないケースには、離婚の他に、いわゆる事実婚を含む婚外子のケースもある。①父母が、真摯かつ積極的に、子の福祉のために共同で親権を行使する合意をしており、かつ、②裁判所などの第三者から見てもそれを認めることが子の福祉に適《かな》うと評価できる場合であれば、共同親権の設定を認める制度は合理的だろう。[25] その意味で、新法の合意型共同親権の導入には一定の意義がある。

とはいえ、父母の真摯かつ積極的な合意があるなら、どちらかの単独親権でも、日常的に話し合いを行い、協力して監護や教育に関する事項を決定するだろう。実際に、離婚時の条件としてそうした内容を取り決める人もいる。それゆえ、共同親権が設定できなくても大きな不都合はなかった。さらに、離婚後共同親権の設定を認めると、経済的に立場が強い側が離婚時に親権の共同を強要する危険が残る。このため、改正法は附則一九条で「政府は、施行日までに、父母が協議上の離婚をする場合における（中略）親権者の定めが父母の双方の真意に出たものであることを確認するための措置」について検討を加え、必要な法制上の措置を講ずるとしている。合意の真性を担保するためには、離婚時には一律に単独親権とし、共同親権にしたい場合には婚姻届のように共同親権への移行を届け出る方式にすべきだろう。双方が心から共同親権を望んでいるなら、単独親権を持つ親も喜んで届け出を出すはずだ。

他方、合意型共同親権の導入は、いわゆる事実婚カップルの選択肢を増やすことにつながる。日本法では、選択的夫婦別姓が制度化されていない。このため、別姓希望カップルは、事実婚を選択せざるを得ない。生活や愛情の実態は、同姓希望カップルと変わらないのに、共同親権を設定できないのは深刻な平等権侵害だった。これが解消されたのは、憲法上も好ましい。

教育する権利は、子の教育を受ける権利を実現するために設定される、父母の憲法上の権利だ。しかし、父母に継続的・安定的な深い協力関係がない場合には、それを共同で行使することはできなくなるので、一方の権利は制約せざるを得ない。

この点、離婚後の共同親権の導入については、〈共同親権にすれば父母の協力関係ができるはず〉という認識を前提に、原則共同親権の導入を主張する人がいた。しかし、そのような認識は誤っており、それを前提にした制度論は子の教育を受ける権利の実現にとって有害ですらある。

冒頭に掲げた長谷川京子弁護士の論述の引用は、しつけを主題に、父母の協力関係がない場合に監護や教育を共同させようとすると、子どもに大きな不利益を与えることを示している。〈離婚しても両親は両親であり、ともに子育てに関わる権利を与えるべきだ〉という主張は、重大な事実を隠蔽《いんぺい》するイデオロギーであることに留意すべきだ。

三、子どもの人権と非合意強制型共同親権――教育現場でできること

子どもには、子どもならではの人権制約と、子どもならではの権利とがある。子どもは〈自分のことを自分で決める能力〉を発展させる途上にある。大人に対しては「それはあなたのためにならない」という理由（パターナリスティックな理由）で人権を制約することは許されないのに対し、子どもの人権は「子どものため」という理由で制約されることがある。例えば、激しい暴力や性表現のある作品に触れる自由について、大人に対して「それはあなたの精神に有害だ」との理由で制限することはないが、子どもに対しては青少年保護育成条例で制限している。こうしたパターナリスティックな制限の必要性については、広い合意がある。

子どもは大人の庇護の下で生活するため、子どもならではの権利が必要になる。例えば、児童の権利条約（子どもの権利条約）三一条には、遊ぶ自由や休む自由が書いてある。大人なら、遊んだり休んだりしたければ勝手にそうすればよいのだが、子どもは保護者や学校の配慮がなければ、遊んだり休んだりできない。子どもならではの権利の中には、

〈法的決定の支援と代理を大人に求める権利〉がある。医療や教育、契約・財産管理などを、子どもの意思だけで決めさせるのは酷だからだ。日本法では、これらは親権制度で実現している。

二〇二四年、親権制度に大きな変更が加えられた。この変更は、子と保護者だけではなく教育現場にも重大な影響のある内容だ。そこで、この法改正の内容を解説し、今後、教育現場でどのような対応が必要となるかを指摘したい。

三―一　二〇二四年改正による非合意強制型共同親権の導入

子どもが育つには、①子と同居し日常の生活の世話をする身上監護（英語で physical custody, parenting time という）と、②医療や教育、財産管理などの法的決定を代理する法的監護（legal custody という）が必要となる。日本法では、両者（①②）を合わせて「親権」と呼ぶが、①を（身上）監護権、②を（狭義の）親権と呼び分けることもある。以下、本節で単に親権と言った場合は、②狭義の親権を指す。

二〇二四年改正前の旧民法では、婚姻中は父母が共同で広義の親権（身上監護・法的監護双方）を行使し、非婚・離婚後は、①身上監護の方法は、父母の協議又は裁判所の審判によって決定する一方、②法的監護については、父母いずれかの単独親権とされた。

旧法が「非婚・離婚後の単独親権制」と呼ばれるのは、①監護権ではなく、②親権の単独行使制を指す。

今回の改正（令和六年法律三三号）で、非婚・離婚後の共同親権が導入された。子どもの医療・教育等を共同で決定するには、父母双方の協力関係が必要だ。対立関係にある父母が共同親権を行使するとなると、子どもの手術や進学の際に適時・適切な決定を得られない恐れがある。これでは子どもが不利益を受けることになる。こうした事態を防ぐため、審議過程では、共同親権を父母双方の合意がある場合に限定する修正案も提案された。しかし、政府・与党は譲らず、父母が非合意でも、裁判所が共同親権を強制し得る条文が維持された。

三―二　どんな場合に共同親権を命じるか？

では、どのような場合に、裁判所は共同親権を命じるのか。条文では、この点がはっきりしない。少し細かくなるが解説しておこう。

まず、新法は、ＤＶ・虐待の「おそれ」がある場合には単独親権とすべきと定める（新法八一九条七項）。この条項を理由に、ＤＶ・虐待事例で加害者が共同親権を持つことはないと報道された。しかし、この条項によると、過去のＤＶ・虐待が証明されても、裁判官が「かなり前のこと」、「もう反省した」と認定すれば、共同親権を命じ得る。実際、海外の裁判例を見ると、「過去に顔面を一回殴っただけ」、「父から母への性暴力はあったが、服役して罪を償っている」という認定を根拠に、共同親権を命じた例がある。DV被害者が時がたっても辛《つら》い記憶に苛《さいな》まれることがあること、加害者との関わりが再開すれば支配従属関係に陥りがちなこと等を無視した、不当な判断だろう。

また、新法は、DV・虐待の「おそれ」がないときについて、どのような条件を充たせば共同親権を命じるかを定めていない。例えば、「父母の間に協力関係がある場合」、「近隣に居住している場合」などといった条件は、何ら付されていない（新法八一九条参照）。

このような規定の仕方では、合意がない場合に共同親権を命じるか否かは、個々の裁判官の価値観や感覚に依存することになる。弁護士や法学者たちの予想も、「合意がない場合は単独親権という運用になるのでは？（非合意強制型共同親権の空文化）」との見解から、「父母双方の顔を立てるため、DV・虐待の恐れがない場合は一律共同親権にする運用となるだろう（原則共同親権）」との見解まで、何ら共通の見通しがない。これでは、法治主義の体をなしていない。

三―三　子どもの権利と共同親権

もしも、非合意強制型共同親権が空文化されるならば、法改正が教育現場に与える影響はさほどない。子と別居する親（以下、別居親）が共同親権を持つ場合には、同居親と別居親との間に合意に基づく協力関係があることが前提となる。婚姻関係にある父母への対応と同様にすれば、紛争になるリスクは低く、一方の親に学校からの連絡を伝えれば、あとは父母で連絡を取り合い、必要な決定をするだろう。親権行使が滞ることもなく、子どもの〈法的決定の支援・代理を受ける権利〉が侵害される危険も低い。

他方、原則共同親権として運用されたならば、同居親と対立する別居親が共同親権を持っている可能性がある。医療や教育に関する決定で、父母がトラブルになるリスクは格段に高まる。別居親の反対により、子どもが修学旅行への参加を諦《あきら》める、別居親に連絡がつかないため、子どもが病院を受診できないといった事態も生じるだろう。これは、子どもの権利の重大な侵害だ。

原則共同親権の運用になった場合には、学校は、子どもが不利益を受けず、スムーズな意思決定を得られるよう可能な限り配慮する必要が生じる。以下、必要な対応を列挙してみたい。

三―四　子どもの権利のために学校ができること

学校では、プール授業や遠足・修学旅行など、「保護者の同意」が必要な授業・行事が多い。子どもがケガをした場合の受診や処置について、電話などで緊急に保護者の同意を得ることもあろう。これらの場合、共同親権下では、父母双方の同意が必要だ。従来は、父母が婚姻関係を継続している場合のみ、すなわち、父母に協力関係がある場合のみ共同親権となっていたので、父母のうちいずれか一方の同意をとっておけば、トラブルにならなかった。しかし、新法が原則共同親権で運用された場合には、父母の対立が学校に持ち込まれる可能性が生じる。教育現場では、次の点に留意が必要である。

まず、新法は、「日常の行為」（八二四条ノ二第二項）と「急迫の場合」（八二四条ノ二第一項三号）には、共同親権下でも父母の一方だけで親権を行使できると定める。ただ、実際にどこまでが「日常の行為」・「急迫の場合」にあてはまるのかは曖昧《あいまい》だ。学校現場で判断が難しい時は、学校限りで判断するのではなく、法務省に問い合わせ、回答を記録すべきだろう。そうした記録は、他の学校で同様のことがあった場合の対応指針になる。また、問い合わせを通じ、法務省も現場でのトラブルの実態を把握できる。

第二に、新法は、日常行為・急迫の場合に、「一方」のみで、あるいは「単独」で親権を行使できると定めている（新法八二四条ノ二）。つまり、条文上は、同居親の判断が優先されることはなく、別居親が一方的に同居親の判断をキャンセルすることもできる。例えば、同居親が修学旅行参加に同意したにもかかわらず、別居親がその同意をキャンセルできてしまう。別居親に加害性があれば、あえて直前になってキャンセルの意思を示す、といったことも生じるだろう。親権を、〈子どもへの加害の道具〉として行使する危険を軽く見るべきではない。

この点、新法には父母双方が、子の人格と父母の人格を尊重する義務の規定がある（新法八一七条ノ一二、八二一条）。法務省は、同居親の常識的な判断（例：今日は体調も良いのでプールに入れて良い）を、別居親がキャンセルするようなことがあれば、この義務違反を認定すべきとしている。しかし、そうした判断を学校ができるはずもない。父母の意見が不一致となるたびに、司法手続を利用しなければならないのでは、当事者にとってあまりに大きな負担だ。また、人格尊重義務の文言は抽象的で、違反の場合の法的効果も書いていない。学校現場では、こうした「親権キャンセル問題」が起きた場合、父母双方の話し合いを求めざるを得ないだろう。

ここで重要なのは、理不尽な共同親権の行使があった場合、学校が記録を残しておくことだ。共同親権を持つ者同士でトラブルが起きた事例では、同居親が単独親権への移行を求めて申し立てをすることが想定される。裁判所にとって、学校が残した記録は重要な判断材料になる。また、「理不尽な要求をすれば学校に記録が残る」という前提なら、別居親も理不尽・非常識な親権行使に抑制的になるだろう。

第三に、対立する父母が共同親権を持つ場合、親権を持つ別居親から「同居親だけでなく自分にも学校便りや通知表を交付すること」、「同居親に説明したことは、自分にも説明すること」などの要求が寄せられるだろう。親権を持たない別居親からそうした要求を受けることはこれまでもあったろうが、今後は、それが法的根拠に裏付けられることになり、拒否するのは難しい。

親権をめぐるトラブルを避けるためには、学校は、子と同居していない親権者がいるかを把握する必要も出てくる。その情報はセンシティブな個人情報なので、厳重な管理が求められる。他の児童・生徒のいる前で、別居親への連絡について言及しないようにするなどの配慮も必要だろう。

今回の法案審議段階では、医療現場から多くの懸念や反対の声が上がった。二〇二二年には病院が別居中の父（未離婚のため共同親権）に子どもの手術の説明をしなかったことについて、損害賠償を認める判決も出ている（「毎日新聞」二〇二二年一一月一七日）。このため、非合意強制型の共同親権の弊害をリアルに感じた医療関係者が多かったのだろう。

これに対し、教育委員会や教職員からは、あまり声が上がらなかった。今回の法案を「選択式」と表現したり、ＤＶ・虐待が確実に排除できたりするかのような不正確な報道が多く、あまり危機感を刺激されなかったのかもしれない。しかし、以上に見てきたように、非合意強制型の共同親権は、子どもの人権に深刻な悪影響を及ぼし、学校現場にも大きな負担となる。学校の現場でも、子どもの人権を守るため、そして、学校スタッフを理不尽な紛争から守るためにも、非合意強制型の共同親権の問題は注視していく必要がある。

四、PTAの法律問題——入退会の自由と非会員の排除禁止

PTAは、保護者（Parent）と教職員（Teacher）からなるボランティア団体（Association）である。多くの学校では、その学校に通う子どもの保護者からなる学校単位のPTA（PTAの連合体と区別するため、単位PTAと呼ばれることもある）が組織されている。

戦後、GHQによりアメリカのPTA活動が紹介され、日本にも広まった。本国アメリカのPTAは、ボランティア活動であり、活動の意思を持つ者が自発的に参加する活動だという。他方、日本のPTAでは、子どもが入学すると、保護者が自動的にPTA会員とみなされることが多かった。学校によっては、給食費の自動引落口座を設定すると、同意もしていないのに、給食費と同時にPTA会費が引き落とされる。入学式終了後、PTAが新入生の保護者を体育館に閉じ込め、役員を選ぶよう強要することもある。加入後は、役員会議やベルマーク活動、地域の見回り等に駆り出される。同意もないのに、会費や労役を強要すれば、トラブルが発生するのも当然だろう。[26]

こうしたトラブルを解消するために何が必要か。答えは驚くほど単純である。PTA

と学校が法令を遵守すればよい。本節では、PTAの法的位置づけを整理し、現在起きているトラブルに、どう対応すべきかを提示したい。

四―一　PTAの法的位置づけ

PTAの法的性質を正しく理解するには、次の三つの観点が重要である。

(1)　任意加入団体としてのPTA

第一に、憲法二一条一項は、何人に対しても結社の自由を保障している。結社の自由には、団体を形成する自由(結社する自由)の他、団体に加入しない自由(結社しない自由)も含まれる。このため、国家といえども、法律の根拠なしに、個人に対してPTA加入を強制してはならない。また、結社しない自由を制約する法律は、厳格な違憲審査基準をパスしない限り違憲となる。弁護士会や司法書士会と異なり、PTAには加入を強制できるほどの公共的価値は認めがたいから、PTA加入強制法が制定されても当然、違憲無効だろう。このため、保護者に対してPTA加入を義務付ける法律は存在しない。従って、PTAは、その活動や規約の内容にかかわらず、すべて任意加入団体ということになる。「すべての保護者はPTA会員である」と書かれた規約があっても、法的には無意味である。

任意加入団体では、入会を希望する者が申込を行い、団体側がそれを承認することで入会が法的に成立する。PTAの場合も、入会申込をした者が会員となる。この点、入会申込書を提出させない運営は違法ではないと言う声も聴かれる。しかし、入会申込書がない限り、PTAは、誰が会員なのかが分からず、会員名簿を作成できない。そうなると、総会を開くことができず、あらゆる意思決定ができなくなる。会員を入会申込書によって把握するのは、PTAを法に則って運営する場合、必須の手続と言える。

また、任意加入団体は、退会も任意である。もちろん、会費等の処理のため、規約上、退会期日を月末に限ったり、退会申出は一か月前までに行うことを求めたりすることはできよう。ただし、「一度入会した会員は退会できない」とか、「退会時は一〇〇万円の罰金」といった規約は、加入者に過大な負担を課すもので、公序良俗に違反し、無効と考えるべきだろう（民法九〇条参照）。

（2）個人情報取扱事業者としてのPTA

PTAには、適切に個人情報を取り扱う義務があるという点も重要である。

旧個人情報保護法は、五〇〇〇人以下の個人情報を扱う事業者を適用対象外としていた。ほとんどのＰＴＡは、会員数が五〇〇〇人を下回っていたため、同法の適用対象外だったのである。しかし、二〇一七年五月三〇日に、五〇〇〇人の下限を撤廃する改正法が施行され、ＰＴＡも、同法の適用を受けることとなった。

ＰＴＡとの関係で、重要なのが、同法二〇条の「個人情報取扱事業者は、偽りその他不正の手段により個人情報を取得してはならない」という規定である。ＰＴＡの中には、学校から、保護者や在籍児童・生徒の名前や所属学級などの個人情報の提供を受けるものもある。学校が全員から同意をとっていれば問題はないが、そうでない場合には、学校からＰＴＡへの個人情報の提供が第三者提供として違法となる可能性が高い（なお、学校が同意をとる際には、保護者に対する強制・抑圧の契機を払拭《ふっしょく》するよう細心の注意が必要となる。ＰＴＡ加入を強く勧めるような表現や、加入が当然であるかのような表現によって同意を獲得することは許されない）。また、ＰＴＡが、保護者に加入義務があるかのように誤信させて個人情報を提供させた場合には、「偽り」による違法な個人情報の取得となる。

個人情報保護法を遵守しようとするならば、会員や保護者の個人情報は、ＰＴＡが自ら同意をとって提供を受けるべきだろう。また、個人情報の提供を受ける際は利用目的を明示し（同法一七条）、かつ、提供を受けた個人情報はその目的の範囲で利用せねばならない（同法一八条）。これらの規定に違反した場合、個人情報保護委員会から勧告や命令を受けることがあり（同法一四八条）、命令違反の場合には罰則もある（同法一七八条）。

（3）いじめ防止義務の担い手としてのＰＴＡ

ＰＴＡは、学校内で子どもと深く接触する活動を行うことも多い。このため、ＰＴＡは、いじめ被害者から相談を受けることがある。一方、ＰＴＡがいじめを誘発してしまう場合もある。では、ＰＴＡは、いじめとどのように関わるべきか。

まず、ＰＴＡを構成する保護者には、「その保護する児童等がいじめを行うことのないよう、当該児童等に対し、規範意識を養うための指導その他の必要な指導を行う」努力義務がある（いじめ防止対策推進法九条一項）。また、国及び地方公共団体には、いじめ対策のために「地域社会及び民間団体の間の連携の強化、民間団体の支援その他必要な体制の整備に努める」義務がある（同法一七条）。ＰＴＡは、「地域社会及び民間団体」に含まれるだろうから、学校からいじめ対策のために連携を求められる立場にある。

これらの規定からすると、ＰＴＡ会員は、その活動においても、自らが保護する子どものいじめを防止する責任を負っている。また、いじめ対策のために、学校は、ＰＴＡに協力を求めることもできる。ＰＴＡは、いじめ対策に積極的に取り組むべきだし、それ以前に、ＰＴＡ活動が子どものいじめを誘発したり、助長したりしないようにする法的義務を負う。

四―二　学校とPTAの関係

次に、学校とPTAの関係を整理しよう。PTAは、学校の一部局や下部組織ではなく、独立した団体である。このため、個人情報の管理や財政の面で、適切な切り分けが必要である。

(1)　個人情報・財政の管理

まず、重要なのが、個人情報の管理である。先に述べたように、学校によるPTAへの同意なき個人情報の提供は、緊急性があるなど、よほどの正当化事由がない限り違法である。学校が、PTAに名簿を提供する場合は、全員から同意をとるべきだろう。その際、強制・抑圧の契機を払拭するために細心の注意が必要なことは、言うまでもない。

また、PTAの予算から、学校備品費や行事費を支出する場合がある。しかし、学校の費用は、授業料や施設利用料・学用品費として徴収するか、公費で負担すべきである。地方財政法は、都道府県立高等学校の建設事業費、公立小中学校の建物の維持・修繕、職員の給与について、住民への負担の転嫁を禁じている（同法二七条ノ三、同法二七条ノ四及び同施行令五二条）。ＰＴＡが学校に金銭や物品を寄附する場合には、慎重な検討を行った上で、適切な手続を踏む必要がある。特に、公立学校の場合は、地方財政法との関係に注意が必要である。

（２）ＰＴＡによる学校施設の特権的利用

次に重要なのが、ＰＴＡによる学校施設の利用である。ＰＴＡは、学校内の部屋を「ＰＴＡ室」として利用したり、ＰＴＡ行事のために優先的に体育館やグラウンドの利用を認められたりする。このことの法的根拠は、どう理解すべきか。

学校に、学校施設の優先的な利用権があるのは言うまでもない。学校教育法一三七条は「学校教育上支障のない限り、学校には、社会教育に関する施設を附置し、又は学校の施設を社会教育その他公共のために、利用させることができる」と定めており、学校外の団体等の利用には、「学校教育上支障のない限り」、かつ、「公共のために」という条件を付している。

この点、学校の授業時間外、すなわち、子どもたちの下校後や休日の利用であれば、「学校教育上支障のない」利用と言えるだろう。また、地域のスポーツサークルなど、他の利用希望団体と平等な条件（抽選や先着順など）で、学校施設をＰＴＡに利用させる場合には、学校施設をパブリック・フォーラム（一般公衆に開かれた場所）として開放する一環として、「公共のために」の要件を充たすとの説明が可能である。

しかし、ＰＴＡ室の設置や、他の団体に優先させての利用については、「他の団体と平等に扱っている」という説明はできない。

この点、ＰＴＡが、非会員の保護する子どもを含め、学校に通う子どもたち全員のためにボランティア活動を行っている場合、その活動は「学校教育」の一環だと説明する余地がある。他方、ＰＴＡが、会員やその子どものみを受益者とする会員限定サービス団体として活動している場合には、その活動は地域のスポーツサークルと同様の扱いになる。そうした活動を「学校教育」目的とみなすのは難しく、学校が、ＰＴＡ室の設置などを認める法的根拠はなくなる。そのようなＰＴＡには、他の団体と平等の条件で学校施設を利用させるか、学校施設を利用せずに活動してもらうようにすべきだろう。

四―三　強制加入と非会員排除問題

以上の検討を踏まえ、ＰＴＡの現場でしばしば生じるトラブルの法的な対応方法を考えたい。現在、ＰＴＡの現場で起きているトラブルは、①ＰＴＡの説明不足に起因するものと、②ＰＴＡによる非会員排除の二つに分類できる。[27]

(1) 加入時の説明に関する問題

ＰＴＡの現場で、最大の問題だったのは、自動的な強制加入である。しかし、近年、ＰＴＡが任意加入団体であることを報じる新聞やインターネットの記事、テレビ番組などが増え、保護者たちは、加入が任意であることを容易に知ることができるようになった。あからさまな強制加入や、退会を拒否するＰＴＡは、次第に少なくなってきている。

もっとも、ＰＴＡ執行部が、加入の任意性を周知徹底せず、強制加入と誤信して会員になってしまう保護者もまだまだ多い。また、加入時の業務説明が不十分だったため、いざ活動が始まって、会員が想定外の負担を課され、「こんな負担が重たいなら入会しなかった」とトラブルになることもある。

こうした問題の解決は容易である。まず、主たる契約内容を誤解してなされた入会申込は、民法上、錯誤無効となる（民法九五条）。強制加入と誤信したり、加入時に説明のなかった業務が耐え難いものであったりした場合は、ＰＴＡに対し、入会の申込は錯誤に基づく無効なものであり、自分は非会員だと伝えればよいだろう。この時、不当利得返還請求という形で、会費の払い戻しを求めることもできる。また、そもそも、ＰＴＡは退会も自由であり、端的に退会してもよい。

（2） 非会員の排除の問題

現在、多くのＰＴＡは、入会を拒否したり、退会の意思を表示したりした保護者を会員にすることは諦める。しかし、入会拒否・退会を防ぐために、非会員をサービスから排除する場合がある。例えば、会員の子どもだけに卒業式の記念品を渡すことで、非会員の保護する子どもに疎外感を与えようとすることがある。また、ＰＴＡの主催する学校施設を利用した行事への参加を認めなかったり、ＰＴＡやその関連団体が集団登校を組織する「登校班」から非会員の子どもを外したりする事例もある。ＰＴＡ加入の任意性が多くの人に知られた現在、一番問題なのは、このようなＰＴＡによる非会員の排除だ。こうした問題を解決するには、どうすればよいのか。

通常であれば、話し合いで、保護者が非会員であっても子どもに不利益が生じないよう、対策が採られる。ＰＴＡが提供するサービスと会費との間の対価関係が強い場合には、実費徴収で対応し、対価関係の弱いサービスについては、特に区別を設けないのが一般的だろう。では、話し合いが成立しない場合に、学校及びＰＴＡに法令遵守を求めるにはどうしたらよいのか。

まず重要なのは、学校や教育委員会に、そうしたＰＴＡに学校施設を利用させないよう求めることである。先述したように、学校教育法一三七条は、会員限定サービス団体に学校施設を優先的に利用させることを禁じている。公立学校の場合には、公共性のない会員限定サービス団体に施設を貸すことについて、住民監査請求（地方自治法二四二条）や住民訴訟（同法二四二条ノ二）を提起することもできよう。

また、ＰＴＡが、学校施設を使う行事や学校で配布するプレゼントについて、特定の子どもを排除すれば、他の子どもにいじめのターゲットを示すことになりかねない。このため、学校に対し、いじめ防止対策推進法に基づくいじめ防止措置として、ＰＴＡの会員限定行事に学校施設を貸さないこと、また、プレゼントは学校外で配布することを求めることもできるだろう。

最後に、登校班だが、登校班の名簿に掲載されていなくても、登校班と同じ時間に同じペースで公道を歩くことは禁じられていない。登校班に、「お前は来るな」と命じる権限もない。登校班問題については、外されても遠慮せず一緒に歩けばよい。登校班を引率する大人が、実力で排除すれば暴行罪（刑法二〇八条）である。

このように、非会員の排除に対しても、一定の法的対応が可能である。さらに、こうした法的対応に頼らなくとも、プレゼント配布や行事の日だけＰＴＡに加入するという方法もある。プレゼントや行事の後、速やかに退会すれば、ＰＴＡから業務負担を押し付けられることもない。卒業式のプレゼントの場合には、最終学年の三月だけ入会すればよいだろう。

ＰＴＡに関するトラブルは、①ＰＴＡが、加入の任意性・活動内容・会員の負担等を明確に説明すること、②ＰＴＡが、学校施設を利用した活動や学校内でのプレゼント配布で、非会員やその保護する子どもを排除しないこと、③学校は、ＰＴＡが会員限定サービスを行う場合には、学校施設を利用させないこと、の三つの条件を充たせば解消する。これらはいずれも、ＰＴＡと学校に対する法の要求であり、冒頭でも述べた通り、ＰＴＡ問題は、遵法によって解決できるのである。[28]

加入の任意性が周知徹底され、非会員の排除がなくなれば、形式面のみならず、実質面でも、ＰＴＡは入退会自由のボランティア団体となる。完全に入退会自由になれば、過剰な負担を押し付けるＰＴＡは会員がいなくなり自然消滅し、他方、楽しく有意義な活動をするＰＴＡには多く人が集まり繁栄存続することになるだろう。

もちろん、入退会自由のＰＴＡでも、会員同士の人間関係のトラブルや不合理な業務があったりして悩みは尽きないだろう。しかし、自分の意思で入会している会員の活動なのだから、法や周囲がとやかく言う問題ではない。

強制加入PTAに対して批判的な発言をすると、「子どものために良いことをやっているのだからいいではないか」との声が上がることがある。しかし、いくらいいことをやっているつもりでも、それが他者の「結社の自由」を侵害していたのでは本末転倒である。PTAの活動が大事だと思うならば、法令遵守を徹底した上で、活動を組み立てねばならない。

【註】

1 横田光平『子ども法の基本構造』信山社、二〇一〇年、五六〇～五六一頁。

2 抽象的権利と権利具体化法律の概念は、例えば長谷部恭男『憲法〔第七版〕』新世社、二〇一八年、二八三頁が指摘するように、主として生存権と生活保護法を想定して展開されてきた。この概念は、生存権以外の憲法上の抽象的権利にも妥当する。

例えば、憲法三二条は、裁判を受ける権利を保障する。しかし、同条の条文には、そもそもどこに裁判所があり、訴訟を起こすときにどのような書面を書けばよいのか、といったことは全く書いていない。このため、裁判を受ける権利は、憲法の文言だけでは権利の具体的内容の定まらない抽象的権利だとされる。これを具体化するには、裁判所法・弁護士法や民事訴訟法・刑事訴訟法など裁判関係の法律が必要となる。

抽象的権利を具体化する法律が、権利具体化法律である。権利具体化法律の例としては、国家賠償請求権（憲法一七条）を具体化する国家賠償法、生存権（憲法二五条）を具体化する生活保護法などが挙げられる。

3 こうした制度の提案としてよく引用されるのがプラトンである。プラトンは、「これらの女たちのすべては、これらの男たちすべての共有であり、誰か一人の女が一人の男と私的に同棲することは、いかなる者もこれをしてはならないこと。さらに子供たちもまた共有されるべきであり、親が自分の子を知ることも、子が親を知ることも許されないこと」を理想の国制とする（プラトン〔藤沢令夫訳〕『国家（上）』岩波書店、一九七九年、三六一頁）。

4 田中耕太郎『教育基本法の理論』有斐閣、一九六一年、一五〇～一五三頁。田中教授は、これら六つの学説が「誰れのものであるか私は知らないが、次に紹介する」として整理を始めており、この時代の論文特有の豪快さを感じさせる。

5 田中『教育基本法の理論』一五三頁。

6 芦部信喜〔高橋和之補訂〕『憲法〔第七版〕』岩波書店、二〇一九年、二八三頁は、教育を受けさせる義務の規定が、子どもの教育を受ける権利に対応するものと説明している。

日本国憲法の義務規定は、財産権保障（憲法二九条）に対する納税の義務（三〇条）のように、憲法で保障された権利をどうしても制限しなければならない場面を具体的に規定するものであることが多い。教育を受けさせる義務（二六条二項）も、子どもの教育の場面では、親の思想・信条の自由（一九条）や信教の自由（二〇条一項）は制限される。後述のヨーダー判決のような事例が日本で生じた場合、親が「義務教育を受けさせない自由」を主張することは、アメリカよりも難しい。

7　こうした憲法と親権法の関係理解については、木村草太「離婚後共同親権と憲法」梶村太市他編著『離婚後の共同親権とは何か』日本評論社、二〇一九年、三〇〜三一頁でより一般的な形で整理している。

8　262 U. S., at 398.

9　262 U. S., at 402.

10　268 U. S., at 534-535.

11　以上につき、268 F. 3d, at 280.

12　この判決は、親の教育する権利については、表現の自由の制約などに適用される厳格審査基準ではなく、緩やかな合理性の基準を採用した。Margaret Ryznar, "A Curious Parental Right" 71 *SMU L REV*, 127 (2018) は、親の教育する権利に関する違憲審査基準は厳格審査と緩やかな審査が入り交じっており、不安定さを解消する必要があると指摘する。

13　ヨーダー判決の詳細な紹介として、中川律「Yoder 判決を考える――アメリカの公教育における子どもの利益と市民育成」『法学研究論集』二六巻、明治大学大学院、二〇〇七年参照。同稿は、公教育は批判的思考力を強制できないという観点から、法廷意見を支持する。

14　田中『教育基本法の理論』一五三頁。

15　〈離婚後も双方の親が監護・教育に関わることが子どもの健康な発達に好ましい、必要である〉という事実認識の下、離婚後共同身上監護の推進が主張されることがある。
　しかし、離婚後の父母や親子の関係は様々であり、一般・一律に共同身上監護が望ましいと論じるのは、個々の子どもの事情を無視した暴論である。冒頭に示した長谷川京子「共同身上監護――父母の公平を目指す監護法は子の福祉を守るか」梶村太市他編著『離婚後の共同親権とは何か――子どもの視点から考える』日本評論社、二〇一九年、八九～九〇頁は、膨大な心理学研究を背景に、「子どもの健康な発達のために、適切に機能する親・親代わりの人物は必要であるけれど、それは血縁上の父・母でなくてもよいし、父母双方でなくてもよい」のが現実だと指摘する。また、長谷川は「実証研究は、父母双方が争い合いながら子どもに関わるくらいなら、一方の親が安定して一貫性のあるケアを子どもに注ぐほうが子どもの心身の発達がよいことを明らかにしている」と指摘する。

16 憲法上の権利に「論理必然的に内在している」制約のことを内在的制約という。芦部『憲法〔第七版〕』一〇一頁。

17 於保不二雄・中川淳編『新版注釈民法（25）親族（5）』有斐閣、一九九四年、七三～七四頁（明山和夫・国府剛・中川淳執筆）参照。

18 現行法では、婚姻に期限を設けたり、離婚期日の予約をしておいたりすることは認められていない。

19 大村敦志『家族法〔第三版〕』有斐閣、二〇一〇年、三九頁。ただし、このことは、非嫡出子について父母の責任を軽減・免責する趣旨ではない。非嫡出子の場合にも、実父母には扶養などの責任がある。

20 共同親権を持つことは、各親が親権行使について拒否権を持つことを意味する。夫婦の間に婚姻関係を継続できない事情がある中で、一方に拒否権を与えれば、拒否権を盾に、すなわち、子に対する不利益を盾に、元配偶者に対する嫌がらせを継続しうる点にも留意が必要だ。

21「WEB特集 パパとママ どっちがいい?」(NHK、二〇二一年六月九日)

22「法律で協力義務を設定すれば、現実に良好な関係が形成できる」との言説が真なら、世の中に離婚は存在するはずもない。

23 民法七六六条は、親権とその一部をなす監護権の分離を認めており、例えば、財産管理権や教育・医療などに関する重要事項決定権である親権は父に、日常同居し身上監護を行う監護権は母に帰属させることができる。この規定は、戦前には、親権は父のものとされたため、離婚後、母が世話をする場合に監護権を分離する必要があったという沿革に基づく。

しかし、現行法では、母が親権を持つこともできる。そして、親権と監護権の分離は、結局、父母の対立から子に関する決定がスムーズにできなくなる結果になることが多く、実務的には推奨されない。この点は、内田貴『民法Ⅳ 親族・相続〔補訂版〕』東京大学出版会、二〇〇四年、一三三~一三四頁、森公任・森元みのり編著『「子の利益」だけでは解決できない 親権・監護権・面会交流事例集』新日本法規、二〇一九年、二五頁など参照。

24 本稿の主題からは外れるが、離婚後共同親権が「面会交流の充実のため」として提案されることがある。

しかし、親権は、子どもの進路(教育)や財産管理などの重要事項を決定する権利であり、これを共同行使しても面会交流の頻度とは関係がない。別居親との面会交流を充実させたいなら、安全・安心・安価な面会場の設置や、面会を支援する専門職の配置などの制度と予算を充実させるべきだろう。

また、父母の高葛藤事案での面会条件設定には、個別事案の詳細な調査や、状況に応じた家裁の調査官調査のやり直し、記録の作成保管などが必要になる。この点は、吉田容子「面会交流支援の実情と限界」梶村太市他編著『離婚後の子の監護と面会交流』日本評論社、二〇一八年参照。

25 木村草太「離婚後共同親権と憲法――子どもの権利の観点から」梶村太市他編著『離婚後の共同親権とは何か』日本評論社、二〇一九年。この場合の最大のハードルは、合意が真摯かつ積極的になされたか否かを判断することの困難にある。

26 PTAの任意加入問題について、川端裕人『PTA再活用論――悩ましき現実を超えて』中央公論新社、二〇〇八年が、早い段階から、理論と実践の双方を踏まえた問題提起をしていた。法律家の議論としては、筆者が全国紙に寄稿した「憲法からみるPTA・強制加入は『結社しない自由』侵す」（「朝日新聞」二〇一三年四月二三日）が、大きな反響を生んだ。近年のPTAの実態や、寄附・個人情報の問題等については、大塚玲子氏のYahoo!個人の一連の記事が参考になる。

27 PTAをめぐっては、二つ有名な訴訟がある。一つ目は、熊本で、PTAに対し会費返還を求めた訴訟である。第一審の熊本地方裁判所判決平成二八年二月二五日（平成二六年（ワ）第九九二号）は、原告の会費返還請求自体は棄却した。しかし、被告PTAが「入退会自由の任意加入団体である」ことは「前提となる事実」と認定している。原告は控訴したが、平成二九年二月一〇日、「入退会自由な任意団体であることを十分に周知し、保護者がこれを知らぬまま被控訴人に入会させられたり、退会を不当に妨げられたりすることがないように努める。今後、PTAが会員に任意加入団体であることを周知徹底する」との条件で和解が成立した。

二つ目は、大阪の私立中学校の事案で、ＰＴＡが卒業式の記念品コサージュを会員の子どもにだけ配ったことが不法行為となるかが問題となった。大阪地方裁判所堺支部判決平成二九年八月一八日（平成二八年（ワ）一三五七）、大阪高等裁判所判決平成三〇年一月二五日（平成二九年（ネ）二二二三）は、ともに、不法行為にならないと結論した。この事案では、非会員に対し、コサージュの仕様が伝えられており、非会員は、コサージュの実費で、子どもに疎外感を与えない対応ができた事案だった。不法行為と認定しにくい事案だったのは確かだろう。

28 法学者によるＰＴＡの分析として、星野豊「ＰＴＡの法的地位（１）～（３）」『筑波法政』六七・六八・七三巻、二〇一六～一八年が挙げられる。星野氏は、ＰＴＡについて、「ＰＴＡに参加しない者やその養育する子を、当該保護者がＰＴＡに参加していないことの一事を以て、直ちに排除することはできない」ようにするため、ＰＴＡを「完全な任意団体」ではなく、「憲法26条に規定された、子らに教育を受けさせる保護者としての義務の具体的内容として、保護者が任意に団体を構成して相互の協力により児童生徒の成長に貢献するための活動を行う」団体と位置付けるべきと主張する（『筑波法政』六八巻、八五～八六頁）。

　しかし、任意団体に憲法上の「義務」を負わせるのには無理があろう。それは、学校がＰＴＡに対して求める義務として構成すべきである。本文で論じたように、学校は、会員限定サービス団体に、学校施設の優先利用を認めてはならないし、ＰＴＡがいじめを誘発しかねない活動をしている場合には止めなくてはならない。ＰＴＡが非会員を排除できない根拠は、憲法二六条の保護者の教育義務ではなく、学校施設の優先利用資格やいじめ防止対策推進法に求めるべきである。

第二章

「学校」は何を果たすべきか

一、教育の内容――教育基本法

私は個人的には、国家が法律を以て間然するところのない教育の目的を明示することは不可能にちかいことと考える（中略）。教育基本法も第一条と第二条は前文的のものとし、第三条から始まるものとする方がよかったのではあるまいか。

――田中耕太郎『教育基本法の理論』

第一章では、親の教育する権利について考察してきた。続いて、教育に関する憲法規定と教育法の体系との関係について検討したい。

現在の学校法体系は、憲法が保障する「教育を受ける権利」を実現するための法体系として構築されている。その根幹となるのが教育基本法であり、ここに学校教育の目的・目標が規定されている。本節では、憲法が保障する権利の観点から、教育基本法を検討しよう。

一―一　教育を受ける権利（憲法二六条一項）

人間は、自由な読書、テレビやラジオの視聴、あるいは、他者との交流など、日々の積み重ねから多くのことを学ぶ。そうした自由な精神活動は、表現の自由・知る自由（憲法二一条一項）や人間関係形成の自由（憲法一三条）[1]として保障される。自由な精神活動としての教育を保障するだけなら、自由権とは別に教育を受ける権利を規定する必要はないはずだ。

では、なぜ憲法二六条一項は教育を受ける権利をわざわざ定めたのか。それは、親権者や当人の自由や努力だけでは実現できない教育があるからだ。[2]そうした教育を実現するための公的制度の構築と、その利用権を保障するのが、憲法二六条の存在意義[3]だ。

もっとも、教育制度の構築にはいろいろな選択肢があるので、憲法は、教育を受ける権利の内容を「法律の定めるところ」に委《ゆだ》ねた。つまり、この権利は、法律による具体化が想定された抽象的権利ということになる。抽象的権利といえども、全く好き勝手に法律で規定してよいわけではない。例えば、「健康で文化的な最低限度の生活を営む権利」（憲法二五条一項）も憲法上の抽象的権利だが、これを具体化する法律で、「最低限度の生活には住居があることを含まない」などと定義することは憲法二五条の理念に反するだろう。[4] 教育を受ける権利についても、何をどう教えてもよいというものではなく、憲法の要求する水準の質や量を備えた「教育」が受けられて、初めてこの権利が実現したことになる。

さて、「学校」には多様な定義があり得るが、本稿では、「子どもの教育を受ける権利（憲法二六条一項）を実現するために、法律に基づき構築された制度」のことを学校と呼ぶことにしよう。では、憲法二六条一項が求める「学校」とは、いかなるものか。

この点、学校は、国家が構築するものである以上、国家全体や資本主義の観点からみて価値ある人材へと育成するための制度だと理解する考え方がある。しかし、憲法一三条は「すべて国民は、個人として尊重される」と定め、国民を何かの目的のための道具にすることを否定している。憲法二六条一項が求める学校は、あくまで「個人人格の発展を助成後援する」制度[5]と解するべきだろう。

一—二　教育勅語から教育基本法へ

では、現行法は、どのように学校を構築しているか。

教育には、一定の到達目標がある。例えば、大学受験予備校の教育目標は受講生の大学合格、自動車教習所の目標は運転技術の習得だ。学校は多様な個性を持つ子どもたちが教育を受ける場だから、予備校や教習所のように狭く具体的な目標を設定し難い。
この点、旧憲法下では、学校教育の到達目標は「教育勅語」によって示された。これは、明治期法制官僚の大物だった井上毅《いのうえこわし》の原案、明治天皇側近の元田永孚《もとだながざね》の加筆修正により完成し、一八九〇（明治二三）年一〇月三〇日に発せられた。教育勅語は憲法・法律や勅令ではなく、「君主の著作」と位置付けられたが、明治国家の学校教育の目標を示すものとされた。内容には曖昧《あいまい》なところがあるが、要するに、天皇が一人一人の国民を「我カ臣民」と位置付け、家族の絆《きずな》や友情、博愛、学問、道徳などを「一旦緩急アレハ義勇公ニ奉シ以テ天壌無窮ノ皇運ヲ扶翼ス」るために修めることを教育目標とするものだ。

しかし、国民主権の原理が成立し、すべての国民が個人として尊重される新憲法の下では、「臣民」が「皇運ヲ扶翼ス」ることを目標とするような教育は許されない。教育勅語は、旧法令と異なり法的位置づけが曖昧だったため、新憲法施行後にどう扱うべきかに混乱が生じたものの、一九四八（昭和二三）年六月一九日、衆参両院が失効を宣言する決議[6]を行った。[7]

教育勅語に代わり、新憲法下の教育目標を示すために制定されたのが教育基本法だ。日本の敗戦後、ＧＨＱは日本政府に教育制度改革を要求した。一九四六（昭和二一）年三月には、政府から旧憲法を根本から改正する憲法改正草案要綱が発表され、それに合わせ学校制度も大きく改革されることとなった。

内閣の下に、その後学習院長に就く安倍《あべ》能成《よししげ》を委員長とする「教育刷新委員会」が設置され、一九四六（昭和二一）年九月七日、第一回総会が開かれた。同委員会は、同年一一月一五日までに「教育基本法要綱案」を完成させ、二九日の第一三回総会にて、教育目標を示す教育基本法の制定が必要との結論を出した。これを踏まえ、田中耕太郎文部大臣の下で法案がまとめられ、一九四七（昭和二二）年三月一二日に第九二回帝国議会に上程された。法案は、可決され、同三月三一日に公布施行された。[8]

制定時の教育基本法[9]は、前文で、日本国憲法に示された「民主的で文化的な国家」の建設と「世界の平和と人類の福祉」の実現は「教育の力にまつべきもの」と指摘したうえで、「個人の尊厳を重んじ、真理と平和を希求する人間の育成を期するとともに、普遍的にしてしかも個性ゆたかな文化の創造をめざす教育」の普及徹底を目指すことを宣言する。また、教育の目的は「人格の完成」だとされ（同一条）、学校での教育を含め、あらゆる教育は「学問の自由を尊重し、実際生活に即し、自発的精神を養い、自他の敬愛と協力によつて、文化の創造と発展に貢献するように努めなければならない」とした（同二条）。

教育基本法は、新憲法の理念を教育の場に導入することを明確にしたもので、新しい学校教育の基本にもなった。教育勅語を排し、個人の尊厳を中心に据えた教育理念を示したことの意義は大きかっただろう。

ただ、教育基本法の掲げる教育目標は抽象的だ。抽象的な概念を掲げる法律は、「誰が、どうやってその意味を画定するか」の手続が不適切だと、運用も不適切になる。同法は、教育における「不当な支配」を排すると規定する[10]ものの（同一〇条一項）、「人格の完成」や「自他の敬愛」の意味を誰がどのように解釈するのかを示さなかった。この結果、政治家や教師など、子どもに対し強い立場にある者が、それらの概念を使って教育内容を都合よく操ろうとしたときに、法律の条文を盾にそれを止めるのが困難な構造になってしまった。そして、この傾向は、教育基本法の改正により、さらに強まることになる。

一―三　教育基本法の改正

教育基本法成立以降、何度か改正が提案されたが、その動きは本格化しなかった。しかし、二〇〇〇年代に入ると、政府はその改正に取り組むようになる。出発点となったのが、二〇〇〇年一月二八日の小《お》渕《ぶち》恵三《けいぞう》首相の施政方針演説（衆参両院本会議）だった。

小渕首相は「創造性の高い人材を育成すること、それがこれからの教育の大きな目標でなければなりません」とした上で、「広く国民各界各層の意見を伺い、教育の根本にまでさかのぼった議論をするために、私は教育改革国民会議を早急に発足させる」と演説した。

これを受け、同年三月、首相の諮問機関として「教育改革国民会議」が発足した。いつの時代も教育改革論議は扱うテーマが抽象的になりがちで、議論の内容は雑駁《ざつばく》になる傾向がある。この会議でも、選抜基準不明、専門もバラバラ[11]の委員が選ばれ、漠然とした検討課題[12]について、とりとめもない議論を進めた。会議は、同年一二月二二日に報告[13]をまとめた。

この報告は、「これからの時代の教育」には「個人の尊厳や真理と平和の希求など人類普遍の原理を大切にするとともに、情報技術、生命科学などの科学技術やグローバル化が一層進展する新しい時代を生きる日本人をいかに育成するかを考える必要があ」り、「日本人としての自覚、アイデンティティーを持ちつつ人類に貢献するということからも、我が国の伝統、文化など次代の日本人に継承すべきものを尊重し、発展させていく必要がある」という理由で、教育基本法に、①「新しい時代を生きる日本人の育成」、②「伝統、文化」、③具体的方策を盛り込むための改正が必要だと提案した。

その後、愛国心条項をめぐる激しい議論が交わされつつ、二〇〇六年に政府の改正法案がまとまった。法案は同年一二月一五日に可決され、一二月二二日に公布・施行された。[14]

その第一条は、「教育は、人格の完成を目指し、平和で民主的な国家及び社会の形成者として必要な資質を備えた心身ともに健康な国民の育成を期して行われなければならない」と規定し、第二条は、教育目標として①知識、教養、情操、道徳心、健やかな身体、②能力・創造性、自主及び自立の精神、職業・生活・勤労の重視、③正義と責任、男女の平等、自他の敬愛と協力、公共の精神、④生命・自然・環境、⑤伝統、文化、郷土、他国の尊重、国際社会の平和・発展を掲げる。

一見、当たり障りのない内容にも思えるが、第二条のような、主従のない並列的な概念の提示には、重大な問題がある。例えば、「男女の平等」に反する「伝統」や「文化」があったとき、子どもたちの将来を考えるならば、「男女の平等」を優先して、「伝統」や「文化」を修正すべきなのは明らかに思える。しかし、新法二条は、「伝統」・「文化」に「男女の平等」と同等の位置を与えているので、条文からは、そうした結論を導けるとは限らない。さらに、旧法について述べたように、これらの概念を、誰がどう解釈するのが適切なのかも曖昧にされている。新法二条は、教育基本法の恣意《しい》的な運用の可能性を高めてしまった。

憲法二六条一項が求める学校は、個人人格の発展を助成後援する制度だ。学校教育の基本を示す教育基本法が崇高な理念を掲げたこと自体は評価できる。しかし、そこに掲げられた「人格の完成」などの教育目標は、抽象的であるがゆえに、恣意的な運用の危険性が残る。さらに、二〇〇六年の新法では、教育目標として様々な概念が並列的に提示されたため、その危険は高まった。

そう考えると、「法規としての効力を持つ条文」として教育目標を規定するのは、望ましくなかったのではないかとも思われる。教育基本法の制定に深くかかわった田中耕太郎教授の冒頭の引用は、その意味で的を射たものと言える。

学校制度は、こうした基本法を前提に学校教育法を中心とした学校法制によって構築されている。次節では、学校法制を分析することにしたい。

二、義務教育の機能と課題――学校教育法

ただ、「学校教育の限界」とされたものの背景に教育の根源的な私事性があるため、学校参加等による問題解決には構造的な限界がある。教育を受けさせる義務は就学義務と同視できない。

――芹沢斉《せりざわひとし》他編『新基本法コンメンタール　憲法』（西原博史《にしはらひろし》執筆）

二―一　「学校」の系譜

学校は、子どもたちの教育を受ける権利を実現するにあたって、中心的な組織となる。一九世紀後半、明治維新を経て、日本でも近代国家の建設が始まった。学校は近代国家の重要要素の一つであり、明治政府は近代的学校教育の普及に尽力した。もっとも、その取り組みは、物的設備も教員ら人的資源も皆無のところから始めねばならず、理想

的学校制度の体系構築には程遠かった。

そこで明治政府は、初等中等教育から高等教育までの学校をすべて網羅するような法律を作るのではなく、学校の種類ごとに勅令で教育内容や組織を定めた。このため、旧憲法下の学制は極めて複雑で、制度改正も頻繁だった。

学制の歴史は、文部科学省ＨＰの「学制百年史[15]」に詳しい。

明治政府は近代国家における教育の重要性を強く意識しており、一八六八（明治元）年には、学校制度調査を始めていた。一八七一（明治四）年に文部省が設置され、近代的学校制度の整備が始まる。

一八七二（明治五）年、太政官布告として「学制」が布告された。学校教育は、小学校・中学校・大学の三段階とされた。小学校には尋常（前期の四年、当初は下等）・高等（後期の四年、当初は上等）の種別が設けられ、すべての子どもは尋常小学校で教育を受けることになった。

一八八五（明治一八）年、内閣制度が発足し、文部省にも文部大臣が置かれる。初代文相、森《もり》有《あり》礼《のり》は学校制度改革を断行し、一八八六（明治一九）年に、各学校の学校令を発布した。中学校令は、中学校も尋常・高等の二種別に分けた。また、小学校令は尋常小学校を義務化することを初めて明示した。高等中学校は帝国大学への予科として設置され、尋常中学校とは性質を著しく異にする。一八九四（明治二七）年、井上毅文相は「高等学校令」を公布し、高等中学校を高等学校へと改める。こうして、戦前期の学制の骨格ができあがった。日本語としては「大中小」の三つがセットになるのが自然で、「大高中小」学制では高校だけ浮いている。これは高校が最も遅れて登場したことに由来する。

こうした複雑な学制は、ＧＨＱ占領下で大規模に改革が進められた。初等中等教育については、世界的に多いとされる六・三・三制が採用され、それぞれ小学校・中学校・高等学校という名前が与えられた。旧制学校と名称は同じだが、性質や教育課程は異なっている。また、それらの初等・中等教育の学校に加え、障害等がある児童・生徒のための特別支援学校や高等教育を担う大学を含め、体系的な一つの法律で規定されることになった。それが「学校教育法」だ。この法律が学校問題を法的に検討する出発点となる。

本書は、主として初等中等教育の学校を考察対象とする。そこで今回は、学校教育法の義務教育に関する部分を概観し、憲法が定める子どもたちの教育を受ける権利と保護者の教育を受けさせる義務が、どう具体化されているかを検討してみたい。

二―二　学校教育法の体系

学校教育法は、教育基本法と異なり、具体的・詳細な規定を含むため、社会状況の変化や教育政策の変更に応じて頻繁に改正されてきた。とはいえ、制定以来、その骨格は維持されている。

まず、学校教育法は、第一条で「この法律で、学校とは、幼稚園、小学校、中学校、義務教育学校、高等学校、中等教育学校、特別支援学校、大学及び高等専門学校とする」と定める。学校とは、広い意味では教育を行う組織一般を言う。その中でも、学校教育法一条所定の学校は「一条校」と呼ばれ[16]、国家による特別の管理の対象となり、また各種の法的特権が認められる。一条校は名称独占が定められており（一三五条）、一条校以外の教育施設や組織が一条校の名前、例えば「小学校」や「中学校」の名称を用いることは禁じられる。

一条校は特に重要な教育課程を担うため、強い責任を担える主体にのみ設置を認めるべきだ。そこで一条校を設置できるのは、国・地方公共団体・私立学校法規定の学校法人[17]のみとされ（同二条）、文部科学大臣の定める学校設置基準に従い設置されねばならず（三条）、公立大学・高専、市町村立の高校・中等教育学校・特別支援学校、私立学校の設置には、文部科学大臣らの認可が必要だ（同四条）。

次に、学校教育法は、各保護者に対して、子どもに九年間の義務教育を受けさせる義務を定める（同一六条）。この義務は、小学校・中学校、義務教育学校（前期課程・後期課程）、特別支援学校、中等教育学校（前期課程）のいずれかに就学させることで果たされる（同一七条）。義務教育学校とは、小学校と中学校の課程を合わせた九年制の学校だ。また、中等教育学校とは、六年制のいわゆる中高一貫校のことをいう。

もっとも、保護者に義務を負わせただけでは、子どもの教育を受ける権利は実現できない。学校教育法施行令（政令）は、各市区町村が小中学校等を設置し、学齢に達した児童・生徒にその入学資格を与えるよう求める。市区町村教育委員会は、住民基本台帳に基づき学齢に達した児童・生徒の「学齢簿」を編成しなければならない（同一条）。私立学校など、居住する市区町村立以外の小中学校等に進学する場合には、保護者は同委員会に届出をする（同九条）。届出をしなかった学齢期の児童・生徒には、特別支援学校就学予定でない限り、学年がはじまる二か月前までに学齢簿に沿って入学期日通知がなされ、入学・在学資格が与えられる（同五条）。

学校教育法は、これに続き、幼稚園（学校教育法第三章）、小学校（同第四章）、中学校（同第五章）などの順に、それぞれ教育目的・目標、教育課程、修業年限などを定める。

初等中等教育の段階では、教科用図書の指定がある。小学校（同三四条）では、「文部科学大臣の検定を経た教科用図書又は文部科学省が著作の名義を有する教科用図書を使用しなければならない」とされ、この規定は、中学校（同四九条）、義務教育学校（同四九条ノ八）、高等学校（同六二条）、中等教育学校（同七〇条）、特別支援学校（同八二条）に準用される。

二―三　教育の多様性

憲法との関係で特に問題となるのは、「すべて国民は、法律の定めるところにより、その保護する子女に普通教育を受けさせる義務を負ふ」と定める憲法二六条二項前段と、学校教育法一七条の就学義務との関係だ。

学校教育法上の就学義務は、一条校たる小学校や中学校に通うことでしか果たされないとされる。[18]他方、冒頭に引用した西原教授の指摘通り、憲法が要求しているのは、「普通教育を受けさせる」ことであり、必ずしも一条校で教育を受けることではない。

もちろん、多くの子どもにとっては、小学校や中学校で教育を受けることが、義務教育の目標達成のために合理的な選択だろう。その意味で、すべての子どもに一条校での就学の権利を与えるべきなのは当然だ。しかし、中には、一条校の教育や環境に適応できない子どももいる。このため、フリースクール通学や自宅学習など一条校就学以外の方法によって、義務教育課程を修了する可能性を認めるべき必要性は高い。そうした選択肢を設けなければ、学校教育法は、教育を受けさせる義務に憲法二六条の要求していない事項を付加していることになり、違憲の疑いが生じる。[19]

この点、二〇一六年に「義務教育の段階における普通教育に相当する教育の機会の確保等に関する法律」が制定され、不登校児童・生徒が通いやすい学校環境の整備と、不登校の場合の教育機会の確保に関する支援や調査義務が規定された。小学校や中学校でも、フリースクールでの学習を出席扱いにするなどの措置をとることもある。[20] 現状の政策は、私立学校に通わないすべての子どもを公立一条校に在籍させた上で、公立学校が柔軟な対応をとる方向で進められている。

事情に応じて一条校での授業参加を免除するにしても、保護者が子どもの教育に使うことのできる時間や資源には限りがある。子どもが十分な教育を受けているかを公的に確認する主体は必要だろう。とすれば、授業を受けない子どもも形式的に公立一条校に在学させ、学習状況を確認する政策は、憲法の趣旨とも整合する。

二—四　教育現場の課題

ただし、二点ほど注意すべき点がある。

第一に、学校外での児童・生徒の様子を把握するには相応の努力や時間が必要だ。通常の学級担任や学校運営を受け持ちながら、外部施設との連携を行うのでは、負担はあまりに大きくなってしまう。そうした児童・生徒が所属する学級の担任や学校に対しては、十分な人的支援をすべきだろう。

第二に、義務教育課程での教育目標の設定によっては、一条校以外での教育課程の修了が極めて難しくなる点に注意が必要だ。学校教育法では、義務教育の目標について「学校内外における社会的活動を促進」することや、「協同の精神」「を養う」ことを定める（同二一条）。また、小学校や中学校の教育目標について「児童の体験的な学習活動、特にボランティア活動など社会奉仕体験活動」「の充実に努める」とも規定される（三一・四九条）[21]。これらの目標が、学校での協同活動やボランティア活動によってのみ実現されると解されると、どれほど各教科の技能や知識を高めても、学校での授業に参加しないと教育課程を修了できないと扱われる恐れがある。

義務教育の目標は、あくまで各教科における読み書きや計算の技能、自然科学や社会制度に関する知識の習得にあり、ボランティアなどは副次的で必須でないものと序列付けを明示しておくべきだろう。[22]そうしないと、副次的に過ぎない課程に適応できない児童・生徒が、義務教育の課程で修了を認められなかったり、本来、十分な出席を認めてよい学習成果を上げているのに出席記録上で不利益に扱われたりする。

国や自治体が、すべての子どもに網羅的に義務教育を受けさせる体制を整えてきたことは、近代日本の誇るべき実績と言える。それでも、義務教育における多様な選択肢の整備にはまだまだ課題が多い。

多様な個性を持つ子どもたちが、初等中等教育を受け、自律的な個人へと成長する機会を与えられることは、個人の尊重原理（憲法一三条）を実現する必須の前提だ。すべての子どもに教育を受ける権利を実現するには、多様な個性に応じた教育の選択肢が存在していなければならない。

次章では、学校教育法の内容を踏まえ、校則や体罰の問題などを検討する出発点となる在学に関わる事柄の法的性質を検討してみたい。

【註】

1 人間関係形成の自由については、木村草太「子どもの利益と憲法上の権利——人間関係形成の自由の観点から」梶村太市他編著『離婚後の子どもをどう守るか』日本評論社、二〇二〇年所収参照。

2 長谷部恭男『憲法〔第七版〕』新世社、二〇一八年、二八九頁は「子どもの教育に関する限り、私人の自由な活動は完全な信頼には値せず、国民の意思を背景とする公権力が一定の役割を果たすことが期待されている」と指摘する。

3 高橋和之『立憲主義と日本国憲法〔第五版〕』有斐閣、二〇二〇年、三四四頁は、今日、「子どもの教育を受ける権利の問題は、学校教育制度をめぐって生じる子ども・親・国の三者の法関係をどのように理解するかが鍵となる」と指摘する。

4 ただし、立法府や行政府による「最低限度の生活」（憲法二五条一項）の定義の妥当性について、実体的審査を行うのには限界がある。そこで近年は、その定義を行うプロセスについて合理的な資料・根拠があったか、あるいは、透明性ある手続が踏まれたかといった手続的審査を重視すべきと言われている。渡辺康行他『憲法Ⅰ　基本権』日本評論社、二〇一六年、三七五〜三八一頁（工藤達朗執筆）など参照。

5 奥平康弘『憲法Ⅲ　憲法が保障する権利』有斐閣、一九九三年、二五二頁。

6 衆議院「教育勅語等排除に関する決議」、参議院「教育勅語等の失効確認に関する決議」参照。

7 以上の経緯は、高橋陽一「教育勅語の構造」岩波書店編集部編『徹底検証教育勅語と日本社会』岩波書店、二〇一七年所収参照。

8 その制定過程については、杉原誠四郎『教育基本法――その制定過程と解釈〔増補版〕』文化書房博文社、二〇〇二年、I章参照。

9 教育基本法の新旧条文は、文部科学省HP「教育基本法について」参照
https://www.mext.go.jp/b_menu/kihon/houan.htm（最終閲覧二〇二四年一一月二五日）

10 「不当な支配」とは、政治的・社会的勢力一般の教育の政治的中立性を害する介入を意味すると理解されている。政党・労働組合・財界・宗派・マスメディア・父母の他、教育行政・学校管理者も、不当な支配の主体となり得るとされる。兼子仁『教育法〔新版〕』有斐閣、一九七八年、二九三〜二九四頁。

11 委員は、科学者、劇団代表、教育長、PTA全国協議会会長、経営者、ジャーナリスト、大学学長、教諭、労働組合代表、作家、法哲学者、教育社会学者、教育行政学者、宗教学者、五輪メダリストらである。
「教育改革国民会議委員名簿」参照。

12 報告によれば、この会議が検討した課題は「いじめ、不登校、校内暴力、学級崩壊、凶悪な青少年犯罪の続発など」をもたらす「日本の教育の荒廃」の改善である。
しかし、これらの問題に対し教育基本法の改正を提案してしまうところに、会議の限界が見て取れる。これらの課題を解決したいならそれぞれいじめ問題の専門家、不登校問題の専門家、少年法の専門家らを集め、統計や心理学・医学等のエビデンスをもとに具体的な対策を検討すべきだろう。そもそも、いじめや不登校、学級崩壊の原因が、教育基本法にあるとの指摘は聞

かれない。

13 「教育改革国民会議報告――教育を変える17の提案」（二〇〇〇年一二月二二日）

14 立法過程の詳細は、佐々木幸寿『改正教育基本法　制定過程と政府解釈の論点』日本文教出版、二〇〇九年参照。

15 文部科学省ＨＰ「学制百年史」
https://www.mext.go.jp/b_menu/hakusho/html/others/detail/1317552.htm（最終閲覧二〇二四年一一月二五日）

16 鈴木勲編著『逐条　学校教育法〈第八次改訂版〉』学陽書房、二〇一六年、二四頁。

17 鈴木勲編著『逐条　学校教育法〈第八次改訂版〉』三二頁は、私立学校設置資格を学校法人に限定した理由を、一条校は「公教育を担う学校教育法に基づく学校」であり、「内部組織の強化と学校経営に必要な資産の保有、解散時の手続（所轄庁の認可等）を求めるとともに、財産目録等の備付け及び閲覧を義務づけ、公共的で、安定的、継続的な学校運営を担保する趣旨」と説明する。

18 当然のことながら、教育を受けさせる義務における「教育」は、憲法に適合する教育を意味する。個人の尊厳を害したり、科学的に誤っていて子どもの可能性を奪ったりする内容の伝達は、「教育」（憲法二六条一項）とは言えない。このため、学校でそのような教育が行われる場合には「親は、自分の子供に対する違憲の教育活動を受忍する義務はないばかりではなく、これを受忍することは、自分や自分の分身である子供の市民的自由を侵害するのを受忍するのと同然であるから、憲法上の権利として、かかる教育活動の差止・撤回・修正をもとめたり、子供を教育の場から引き離すことができる」とされる（奥平康弘「教育を受ける権利」芦部信喜編『憲法Ⅲ　人権（2）』有斐閣、一九八一年、四〇九頁）。

19　芹沢斉他編『新基本法コンメンタール憲法』日本評論社、二〇一一年、二三三頁（西原博史執筆）は、憲法二六条二項前段の教育を受けさせる義務について、「標準的な環境として教育を受けさせる義務は就学義務を通じて履行される」としつつ、「子どもにとっての教育機会が十分に確保されていれば、学校教育以外の手段もまた選択可能でありうるはずである」と指摘する。

20　文部科学省初等中等教育局長通知「不登校児童生徒への支援の在り方について」元文科初第六九八号令和元年一〇月二五日は、学校が「フリースクールなどの民間施設やNPO等と積極的に連携し、相互に協力・補完することの意義は大きい」とする。

その別記一書類では、①保護者と学校との間の十分な連携・協力、②フリースクールなどの施設での教育の個々の児童・生徒にとっての適切さ、③施設への通所・入所による相談・指導であること、④義務教育の教育課程に照らした施設における教育水準の適切さの要件を充たせば、出席扱いも可能とする。

21　この規定は、前節で紹介した二〇〇〇年の教育改革国民会議「教育を変える17の提案」に基づく。この点は、入澤充他編著『学校教育法実務総覧』エイデル研究所、二〇一六年、一七三頁参照。

22　兼子仁『教育法〔新版〕』有斐閣、一九七八年、二一〇頁は、学校での義務教育に代わる家庭義務教育の可能性を論じる必要を指摘し、「わが国公教育法制では、公教育内容の一部を思想良心の自由の見地から拒否する余地について、これまで考慮を欠いてきた憾みがある」とし、「学校教育内容が教育専門的に子どもの学習権保障にとって必要であり思想良心の自由を損なってはいないと客観的に認定されるのでないかぎり、各人の思想良心とその形成にかかわる事項については不参加の自由が保障されるべき」との問題意識を示す。

第三章
誰が教育内容を決めるのか
——校則、制服、教科書

一、二つの教育モデル

トクヴィル＝多元型とルソー＝一般意思型という、これら二つのモデル間の緊張を意識することは、憲法解釈論の上での選択に、影響を及ぼすはずである。人権論の領域では、法人・結社の国家からの自由をより強く保障しようとするのか（積極的方式としては「法人の人権」論があり、消極的方式としては、「部分社会」論により司法の介入をひかえることによって）、反対に、法人・結社からの個人の自由をより強く確保しようとするのか（人権の私人間効力の枠組にのせて「法人からの人権」、「部分社会からの自由」を追求することによって）が、その典型的な現われである。

——樋口陽一《ひぐちよういち》『憲法〔第四版〕』

二〇一六年から毎年、大学セミナーハウス（八王子市）で「憲法を学問する」と題したセミナーが開催されている（二〇二〇年はCovid19の影響で中止）[1]。樋口陽一教授の呼びかけに応じた石川健治《いしかわけんじ》・蟻川恒正《ありかわつねまさ》・宍戸常寿《ししどじょうじ》の各教授と私が講師を務め、一般の学生・社会人から参加者を募るセミナーだ。

コロナ禍の二〇二一年「憲法を学問するV」は、完全オンラインの開催となった。この回は、樋口教授の『憲法』が一四年ぶりに改訂[2]されたことを受け、「憲法理論をまもる――樋口陽一『憲法』1992〜2021」をテーマとし、同書の第四版を精読するセミナーとなった。私は「教育と家族」を担当した。本節ではその成果を踏まえ、前章までに見た教育関係法の体系を理解する際の指針を示したい。

一―一　憲法二六条をどう読むか

樋口教授によれば、憲法二六条には三つの解釈がある。[3]

第一は、憲法二六条をもっぱら狭義の社会権、すなわち教育について金銭的・物的支援を求める権利と捉《とら》えるものだ。[4]この解釈によれば、憲法二六条は、国家に教育の物的条件の整備を求める請求権を保障するのみであり、教育内容はすべて国家以外の主体の自由に委《ゆだ》ねるべきとされる。

第二は、憲法二六条を、教育の自由を定めた条項として捉え、憲法二一条の「特殊表現」と理解するものだ。つまり、国家が何らかの目的をもって教育を行ったり、教育の内容に介入したりすることを否定したものとして、憲法二六条を読む。教育基本法の定める民主主義・平和・真理も、教育内容への介入の意味を持つなら憲法二六条違反となるので、訓示目的、つまりはただの「努力目標」と理解することになる。[5]

この第一と第二の立場は、公教育を金銭的・物的支援の責任者の面からのみとらえ、教育の内容に公が介入することを否定するものと整理できる。[6] これに対して、樋口教授は、公教育という言葉を、国家が設定した目的のために、国家の定める内容を教育することと理解している。[7] 公立学校での教育でも、国家が教科書検定や学習指導要領を強制せず、教育者の自由に委ねて行われるものなら、公教育とはならない。樋口教授の言う公教育を〈公教育〉と記述することにしよう。樋口教授から見れば、第一・第二の立場は〈公教育〉の否定だ。

第三は、憲法二六条を、〈公教育〉の存立根拠と読む見解だ。憲法二六条は、憲法や法律に基づき設定された教育目的に基づき、国家が定めた内容の教育を受ける権利を保障したものと理解する。

樋口教授によれば、「教育権論争」において対立した二つの見解は、いずれもこの第三の解釈を前提としている。教育権論争とは、教育内容を誰が決定するのか、その権利の所在に関する論争だ。教育学者・宗像《むなかた》誠也《せいや》が「国民の教育権」というコンセプトを提唱したことが[8]論争の発端である。国民の教育権説は、現場の教師こそ「国民」として教育内容を決定する権能を持つという主張となり、教育訴訟の中で中央政府による教育内容の押し付けに対抗する。これに対し、国の側は、公教育における教育内容決定権は国家にあると主張した。

裁判例は、「国家は」「国民の教育責務の遂行を助成するためにもっぱら責任を負うものであって、その責任を果たすために国家に与えられる権能は、教育内容に対する介入を必然的に要請するものではなく、教育を育成するための諸条件を整備することであると考えられ、国家が教育内容に介入することは基本的には許されない」として国民の教育権説に立脚するもの[9]と、「現代公教育においては教育の私事性はつとに捨象され、これを乗りこえ、国が国民の付託に基づき自からの立場と責任において公教育を実施する権限を有するものと解せざるをえない」として国家の教育権説に立脚するもの[10]に分かれた。最高裁判所は、「全国学力テスト」の違憲性を争った旭川《あさひかわ》学テ事件判決[11]にて、両説は「いずれも極端かつ一方的であり、そのいずれをも全面的に採用することはできない」とした。

国民の教育権説は、一見すると、国家からの教育の自由を主張しているように見える。しかし、国民の教育権説の前提にも、憲法は国家が民主主義や自由・人権の理念に基づく教育を行うよう要求しているという理解がある。その上で、保守派政治家の強い影響下にある中央政府がそれを怠るため、現場の教師に教育内容決定権を与えた方が正しい公教育ができると主張するものだった。国民の教育権説における「国民」とは、個々の現に存在する個人としての国民ではなく、民主主義や自由・人権の理念を実現しようとする主権者国民であり、「国民による教育」は〈公教育〉と同義となる。

第三の立場からすれば、教育基本法は訓示規定ではありえないし、しかるべき検定済教科書や学習指導要領等に基づく教育がなされない限り、教育を受ける権利（憲法二六条）が実現したとはみなされない。

一―二　一般意思モデルと多元モデル

こうした樋口教授の分析を検討していて生じるのは、第一・第二の立場では、誰が教育内容を決するのか、という疑問だ。たとえ〈公教育〉を否定したとしても、教育に内容が必要なことに変わりがないからだ。

この点は、樋口教授の憲法理論全体を視野に入れて考える必要がある。樋口教授は、冒頭に引用したように、近代国家には二つのモデルがあると指摘する。

第一のモデルは、ワイマール期ドイツの法学者・政治学者であるカール・シュミットの示したルソー＝一般意思モデルだ。シュミットは、政治的統一体としての主権国家のモデルをフランス絶対王政に見出した。絶対王政の特徴は、国王に権力を集中させ、それ以外の貴族や教会といった、身分的な中間団体を排除する点にある。シュミットによれば、フランス革命は、絶対王政の目指した中間団体の排除を国民主権の原理により徹底したものだ。

このモデルの国家では、すべての国民は個人として析出され、主権を持つ国家と対峙《たいじ》する。この「国家対個人」の構造の下で、フランスが重視したのは、ジャン＝ジャック・ルソーの理論だった。ルソーは、国家は「一般意思」に基づき行為すべきとした。一般意思とは、多数者の意思ではなく、国民のすべてが参加する政治プロセスで形成される意思を言う。また、国民は、ただ多数決をするのではなく、公共性の理念を共有し、それを実現するために政治に参加する。ルソーは、権力からの自由ではなく、権力への参加の自由を重視した。

これに対し、第二のモデルは、アメリカを典型とするトクヴィル＝多元モデルだ。これによれば、多様な結社が、立法過程でのロビイング、司法過程での訴訟当事者のイニシアティブなどを通じて公然と私的利益主張を行い、その抗争と妥協の中で国家の意思が形成される。アレクシ・ド・トクヴィルは、一九世紀半ばのアメリカをフランス人の目で観察し、①司法権の役割、②連邦制と分権の重要性、③結社への嗜《し》好《こう》を特徴として指摘した[12]。

この二つのモデルは憲法学のあらゆる論点に示唆を与えるが、教育との関係でも重要だ。教育は孤立して行うものではない。教育は、既存の共同体が新たな構成員を迎え入れるために、共同体のための価値や知識の体系を伝えるものだ。樋口教授の議論は、この点を強く意識している。

まず、樋口教授の言う〈公教育〉は、ルソー＝一般意思モデルに基づく共和国（République）の構成員のための教育と言い換えることができる。共和国では、すべての国民が公共性という理念を共有し、政治に参加することで、一般意思を形成し、国家が運営される。公共的な価値観や政治参加のための知識、主権者としての意識[13]などは、何もしなくても身に着くようなものではない。だからこそ、共和国は、新たな構成員たる子どもたちに公教育を施そうとする。

公共性とは、〈すべての者に開かれている〉という理念だ。それゆえに、すべての国民が共有できる理念となる。他方、宗教団体や特定身分団体の価値観は、その内部にいる信者や、その身分を持つ者にしか共有できない。定義上、その価値観に公共性はなく、それに固執する者がいる限り一般意思は形成できない。それゆえ、ルソー＝一般意思モデルでは中間団体が排除される。

教育においても、例えば、宗教の共同体は、新しい構成員を迎え入れるべく宗教的価値に基づいた価値や知識を教授しようとする。これは、共和国の理念とは敵対する。このため、教会などの中間団体が〈公教育〉に対抗して、私的な教育の自由として宗教教育の自由を真剣に主張する構図が生まれる。[14]

他方、トクヴィル＝多元型の国家では、教育は、各地域の自治体、宗教団体、職能団体など、社会に存在する様々な共同体が多元的に行うものとなる。ここでは、多元的な教育の自由が原則となる。[15] 国家（State）が一元的な公共性の理念に基づく〈公教育〉を行おうとするならば、憲法上の根拠が要求される。

憲法二六条の第一の解釈（狭義の社会権条項解釈）、第二の解釈（教育の自由解釈）において、教育内容の決定主体と位置付けられるのも、まさにこうした社会に多元的に存在する様々な共同体ということになろう。

以上に整理した樋口教授の分析は、教育法の体系を理解する上でも、また、教科書検定・校則問題などの各論的な問題を考察する上でも示唆的だ。教育の問題を考えるときは、背後に何らかの共同体が存在せざるを得ず、どのような共同体がその教育をしようとしているのかを意識し続けなくてはならない。

一―三　新自由主義と教育の「規制緩和」

最後に、樋口教授の最新の問題状況の分析を見ておこう。樋口教授は、一九九〇年代以降、新自由主義に基づく教育領域での規制緩和の主張が強まったと指摘する。この主張は、憲法二六条の第三の解釈（〈公教育〉解釈）に対抗する、「国家からの自由」の主張だ。

ただし、これは欧米のような地域や宗教団体の共同体的価値観に基づく教育の自由ではなく、「経済力を背景した《ママ》親の自由という内実を持つ」[16]。今回の分析に引き付けて整理するならば、その教育の背景にあるのは、「お金持ちの共同体」であり、求められる教育内容は、「庶民や貧乏人を排除してリッチな共同体を形成しやすくしよう」という方向に進む。安易な教育の自由の主張は、格差社会を助長し、公共性の理念を侵食する危険があることに警戒が必要だろう。

樋口教授による憲法二六条の解析は、教育内容の背後にある共同体に意識を向けるよう促す。君が代問題、校則問題、道徳教育、新しい「公共」や「情報」といった科目、新自由主義に基づく教育規制緩和の主張、そして、主権者教育の背景にも、「その教育を通じて新しい構成員を迎え入れよう」と意図する共同体の存在がある。

次節以降、樋口教授の解析を踏まえつつ、各論的問題を考察していくことにしたい。

二、校則の位置づけ

（前略）本件高校のＤ校長は、平成二九年一一月一七日、原告代理人に対し、原告の氏名を名列表に記載し、教室に原告の席を設けたことを伝え、原告に対する学習課題の交付方法について打診し、以降、原告代理人を通じて学習課題を交付した。（前略）原告は、本件高校に登校しない状態が継続したが、学習課題を履修するなどし、本件高校は、平成三〇年三月末日、原告に対し、卒業認定を行った。

——大阪黒染め校則訴訟第一審判決の認定

校則の問題性が指摘されて久しい。あまりに理不尽な内容に怒ったり、あるいは、呆《あき》れて笑うしかなかったり、といった経験をした人も多いだろう。

校則問題は、一見すると「学校による自由の侵害」の問題に思えるかもしれない。しかし、本当にそうだろうか。学校は、警察や軍隊のように物理的な実力を行使する機関ではなく、教育という「給付」を行う機関だ。また、刑法や命令と異なり、校則には直接的な強制力はないにもかかわらず、児童・生徒は校則の鎖に強く縛られるという特徴がある。

今回は、大阪の黒染め校則裁判の経緯を確認し、校則の法的意義を分析してみよう。

二―一　大阪黒染め校則訴訟

二〇一七年、大阪府立のある高校（以下、Y高校とする）の生徒が、校則の違法性を争う訴訟を提起した。この訴訟は大阪黒染め校則訴訟として社会の注目を集め、いわゆるブラック校則問題をめぐる議論も盛んになった。[17] 二〇二一年二月に第一審判決、[18] 同年一〇月に控訴審判決[19]が出された。生徒側は上告したが、最高裁は上告を棄却した。[20]

まず、事案を確認しよう。原告Xは、二〇一五年四月一日、Y高校に入学した。Y高校が生徒に交付する生徒手帳、保護者に配布する入学の手引には「頭髪は清潔な印象を与えるよう心がけること。ジェル等の使用やツーブロック等特異な髪型やパーマ・染髪・脱色・エクステは禁止する。また、アイロンやドライヤー等による変色も禁止する。カチューシャ、ヘアバンド等も禁止する。」との記載があった。これが問題となる「校則」だ。

入学前の三月末、Xが生徒証用写真撮影のためY高校に訪れた際、教員から茶色い髪を黒く染めるよう指導を受けた。また、入学後も複数回、同様の指導を受けたため、Xは髪を染めて過ごしていた。

二〇一六年四月、Xは二年生に進級し、再び茶髪を黒く染めるよう指導された。Xはこれに反して、同年の夏休みに髪を明るい茶色に染めた。登校日および二学期の始業式の後からそのまま登校したところ、学校による黒染め指導が続いた。九月六日および八日、Xは学年主任の教員から、頭髪指導に従わなければ「別室指導」を行う旨を告げられた。別室指導とは、所属する学級の教室への立入を禁止され、文化祭などの行事からも排除する指導を指すようだ。

九月九日、Xは登校しないとの選択をした。また、教頭から、修学旅行に参加しても他の生徒とは別行動にする旨を告げられていたため、一〇月一五日から一八日までの修学旅行にも参加しなかった。ただ、学業については、課題の交付という代替措置が講じられ、これを達成したため、Xは三年生への進級が認められた。

二〇一七年四月、Xは三年次に進級し、三年五組に出席番号三二番で在籍することになった。しかし、Y高校は三年五組の教室にXの席を配置せず、同学級の名列表にも氏名を記載しなかった。Xは不登校を続けたものの、学習課題を提出したことで、Y高校は二〇一八年三月末、Xの卒業を認定した。

Xは、①黒染め校則と②座席・名列表の排除の違法性を主張し、大阪府に対し損害賠償を請求した。第一審・控訴審ともに、②座席・名列表の排除の違法を認定し損害賠償を認める一方で、①黒染め校則自体は適法とした。

このうち、②が違法なのは当然と思われる。以下、①について検討したい。

二―二　校則の機能

第一審・控訴審ともに、校則について「高校は、学校教育法上の高等学校として設立されたものであり法律上格別の規定がない場合であっても、その設置目的を達成するために必要な事項を校則等によって一方的に制定し、これによって生徒を規律する包括的権能を有しており、生徒においても、当該学校において教育を受ける限り、かかる規律に服することを義務付けられる」と位置付けている。要するに、教育目的を掲げさえすれば、高校は一方的に校則を決定できるということだ。[21]
これだけ読むと、裁判所が、学校の一方的な強制を正当と判断したかのように見える。しかし、判決が何を「一方的に制定」できるとしたのかは、注意が必要だ。一般的には、校則は、①学校による直接強制、②出席停止・退学といった懲戒処分、③単位認定・卒業認定からの排除といった強権的な措置を根拠づける規則だと思われている。しかし、法的に見たときに、①〜③は学校が一方的に決定できるようなものではない。

第一に、①学校による直接強制について。自由権が手厚く保障される憲法の下では、公務員であれ私人であれ、他者に直接実力行使する場合には法的根拠が必要だ。しかし、学校の教職員が、児童・生徒に実力を行使できる旨を定めた法律は存在しない。したがって、直接強制が許されるのは、暴力を発見した際に、正当業務行為（刑法三五条）や正当防衛（刑法三六条）として児童・生徒を摑《つか》んで引き離したり、立入禁止区域に入る児童・生徒を止めるために、正当防衛として排除したり、邸宅等侵入罪（刑法一三〇条）の現行犯として現行犯逮捕（刑事訴訟法二一三条）を行ったりするなど、ごく例外的な場合に限られよう。

黒染めや服装等についても、学校が児童・生徒に直接強制できる旨を定めた法律が存在しない以上、仮に、校則に茶髪禁止や制服着用が記載されていたとしても、生徒の意思を無視して強制的に髪を染めたり、強制的に服を脱がして制服に着替えさせたりすることは違法[22]だろう。もし、教員がそれを実行したなら、暴行罪（刑法二〇八条）等になる可能性が高い。

第二に、②懲戒処分について。学校教育法一一条は「校長及び教員は、教育上必要があると認めるときは、文部科学大臣の定めるところにより、児童、生徒及び学生に懲戒を加えることができる」と定める。この規定にある通り、懲戒処分の基準は、各学校や校長ではなく、文部科学大臣が決定する。[23]懲戒処分の根拠が法律にある以上、その基準は法律の趣旨に則《のっと》って決定されるべきであり、学校や校長が一方的に決定できるものではない。[24]

第三に、③単位・卒業の認定基準について。これは、教科の内容にかかわるもので、学習指導要領によって決定される（学校教育法三三・四八・五二条、学校教育法施行規則五二・七四・八四条等参照）。指導要領の内容を適切に修了したにもかかわらず、髪型を理由に単位や卒業を認定しないとすれば、学校教育法違反だ。したがって、これも学校や校長が一方的に決定できる内容ではない。

大阪黒染め校則訴訟でも、Y高校は校則違反を理由に、①教職員が強制的に髪を染めたわけではない。また、校則違反にもかかわらず、②停学や退学などの懲戒処分は行われず、③原告Xは高校を卒業している。校則が①〜③の基準として用いられているわけではない以上、判決も、学校や校長が①〜③の基準を校則によって一方的に決定できる、と判断したわけではない、と読むのが自然だ。[25]

二―三　「登校しないまま卒業認定」された理由

では、判決の言う「一方的に制定」できる校則とは何か。それは、「教育方法の基準」ということになろう。注目してほしいのは、Xが、二年次の九月から登校を控えていたにもかかわらず、教科の修了を認められ、卒業が認定された点だ。[26]

Y高校のやっていることを客観的な視点から整理すると、Y高校には、学級の教室で行われる教育課程Aと、別室あるいは自宅などで課題をこなすことで行われる教育課程Bとがある。Y高校で黒染め校則が果たした役割は、教育課程Aと教育課程Bへの振り分けだ。教育課程Aで教育を受けるには、黒染め校則に従う必要がある。他方、Xは黒染め校則に従わないまま教育課程Bを受けたわけだから、校則は教育課程Bには適用されなかったようだ。

学校教育法は、児童・生徒にどのような課程で教育するかについて詳細を定めていない。学校内で課程を複数設け、その振り分けをどのような基準とするかは、学校や校長に広い裁量が認められるだろう。判決は、それを踏まえ、「教育課程振り分け基準としての校則」を、学校や校長が「一方的に制定」してよいものと述べたと考えられる。

大阪黒染め校則訴訟を以上のように理解すると、幾つかの課題が明らかになる。

第一に、この事例を「校則による黒染めの強制[27]」事例と要約するのは、必ずしも正しくない。学校は、無理やり髪を染めたわけではなく、また、Xを放置したわけではなく、黒染めを拒否したXにも教育は続行していた。黒染め強制の事例と誤解させがちな報道や分析もあったので、今後、この事例を報道・分析する人は、その点を注意すべきだろう。

第二に、Y高校が教育の義務を十分に果たしたかは、十分に検証されねばならない。判決の認定によれば、Xは二年次の九月から登校しておらず、学校は課題のやり取りだけで卒業を認定したようだ[28]。

Xが渡された課題類は、それだけで教科履修を認定できるほど充実した教材だったのだろうか。教員の多大な努力で素晴らしい教材ができた可能性もあるが、高校として十分な教育だったとは言い難い内容だった可能性もある。この点にはあまり焦点が当たっていないが、どんな課題で卒業を認定したのか、十分な説明が必要だろう。

第三に、Y高校が、それほど充実した不登校・別室用の教育課程（教育課程B）を用意しているなら、その旨を公表し、全生徒に説明すべきだ。登校せず、また校則を無視しても卒業を認定してもらえる教育課程があるなら、それを目当てに入学を希望する者もいるはずだし、黒髪の生徒の中にも、そちらを選びたい者はいるはずだ。

校則の機能に注目して大阪黒染め校則訴訟を分析すると、Y高校では「校則による理不尽な髪型の強制」は存在しなかった。黒染めを拒否する生徒向けに、髪型・服装不問の不登校・別室用教育課程が特別に設けられただけだ。この試みは、学校という空間や校則というルールに囚《とら》われない、多様な教育課程の拡大につながる可能性があり、積極的に利用していく価値があるかもしれない。

ただ、原告が卒業後にわざわざ訴訟を提起した理由を考えると、強制的に教育課程Bに振り分けられたことの是非を考える必要がある。これは、実は、夫婦別姓訴訟において「同氏は強制されておらず、自由権の侵害はないが、別氏のままでは婚姻の効果は与えない」とする裁判所の立場と同形の問題が潜んでおり、平等論の観点からの再考が必要となる。次節はこの点にせまりたい。

三、「校則は強制ではない」は本当か

心得は、生徒が規律正しい学校生活を築くための努力目標を定めたものであって、制服の定めはその着用を強制するものではない。

——千葉中学制服訴訟・千葉地方裁判所平成元年三月一三日における学校の主張

前節では、大阪黒染め訴訟判決を分析したが、ポイントは三つあった。第一に、黒染め校則に違反した生徒は、髪の黒染めを強制されたわけではない。第二に、校則違反の後、当該生徒はクラス外での教育を受け卒業している。第三に、裁判所は、この二点を理由に校則の強制性を否定し、校則内容の決定について学校側の広範な裁量を認めた。「校則は強制ではないから、学校にはその制定について広い裁量が認められる」この論理は、校則裁判でしばしば登場する。今回は、この論理が見落としている点がないかを検討したい。

三―一　校則をめぐる裁判の傾向

（1）生徒を規律する包括的権能

まず、校則裁判の傾向を整理しよう。教育基本法や学校教育法には、「児童・生徒は学校長の定める校則に従わなくてはならない」とか「学校は、児童・生徒に対し、校則の定めを直接強制できる」などと定めた規定はないのはもちろん、「校則」という言葉すら出てこない。では、校則とは何なのか。

この点に説明を与えたのが、バイク三ない校則訴訟の判決だ[29]。「三ない校則」とは、在学中に「バイクの免許を取らない、乗らない、買わない」の三原則を示したものを言う。事案は次のようなものだ。私立Y高校は、生徒指導の方針として三ない校則を定め、入学する生徒・保護者にもその旨を説明していた。原告の生徒Xは、三ない校則を遵守する旨の誓約書をY高校に提出していたが、免許を取得し、バイクを所有した。

Xは所有するバイクを友人Aに貸し、AはY高校の別の生徒Bに転貸した。Bは無免許でそのバイクを運転し、検問中の警察官にけがを負わせる事故を起こした。事態の隠《いん》蔽《ぺい》を依頼され、Xはそれに協力した。学校側は、三ない校則への違反及び重大な事故の隠蔽に関わったことなどを理由に、Xに自主退学勧告を行った。Xは、この勧告は違法だとして損害賠償を請求した。

裁判所は、三ない校則に基づく指導の違法性を否定し、自主退学勧告も人身事故の隠蔽の重大性を重く見て適法とした。上告審も、この判断を是認した。[30] 同判決は次のように言う。

> 高等学校は公立私立を問わず、生徒の教育を目的とする公共的な施設であり、法律に格別の規定がない場合でも学校長は、その設置目的を達成するために必要な事項を校則等により一方的に制定し、これによって在学する生徒を規律する包括的権能を有し、生徒は教育施設に包括的に自己の教育を託し生徒としての身分を取得するのであって、入学に際し、当該学校の規律に服することが義務づけられる。

その後の校則をめぐる裁判でも、この判決が示した学校側の「生徒を規律する包括的権能」の概念はたびたび出てくる。自動車免許取得とパーマ禁止の校則の是非が争われた免許・パーマ校則訴訟[31]、前節で見た大阪黒染め校則訴訟[32]も、この権能を承認している。

もっとも、「生徒を規律」という言葉は、必ずしも強制を意味しない。いずれの事案も、生徒の意思を無視して教師が髪を剃《そ》るなどの直接強制をしたり、校則違反だけを理由に退学処分にしたりしたわけではない点に注意が必要だ。三ない校則裁判の自主退学勧告は交通事故の隠蔽、免許・パーマ校則事件の退学勧告は不真面目な授業態度やカンニングなどが考慮されており、校則違反だけを理由に処分をしたものではない。大阪黒染め校則訴訟の事案でも、校則違反は別室指導の根拠にされたに止《とど》まり、原告は卒業している。

(2) 校則の任意性

では、「退学処分の適否」を争うのではなく、純粋に「校則の不当性」だけを対象に損害賠償などを請求すると、裁判所はどう判断するのか。有名な裁判例が二つある。

まず、熊本丸刈り校則訴訟[33]では、公立中学校での丸刈り校則が問題となった。裁判所は、校則の強制性を否定し、「現に唯一人の校則違反者である原告」「に対しても処分はもとより直接の指導すら行われていないことが認められ」「本件校則の内容が著しく不合理であると断定することはできない」と結論し、損害賠償を否定している。

また、千葉中学制服訴訟[34]では、公立中学校の制服に関する校則が問題となった。判決は、制服指定は「努力目標」であり「制服を着用しない生徒があっても、これを着用することが望ましい旨指導することはあるが、制裁的な処置をとるようなことはなされていない」として、制服指定の強制性を否定し、損害賠償を否定している。

いずれの事案でも、校則は強制でないとされ、それゆえ、生徒の権利侵害はないとされている。

(3) 校則裁判の論理

以上の裁判例の傾向を総合すると、「生徒を規律する包括的権能」とは、法的な強制権能ではなく、生徒を指導する権能にすぎない。当然、校則は「生徒を規律する包括的権能」に基づいて定められている以上、校則に強制的に従わせることもできない。それゆえ、裁判所は、校則の合理性や必要性を厳しく検討したり、校則の内容を理由に損害賠償を認めたりはしない。

三―二　実質的拘束力の強さ

しかし、「校則は強制でない」との説明は、現場の実感とはかけ離れている。

第一に、法的な強制力がないとしても、事実上の強制性はかなり強い。「制服を着るかどうかは任意です」などと校則の任意性を周知徹底する学校はほとんどなく、児童・

生徒は「守らなければならないもの」と認識しているのが一般的だ。また、学校の卒業認定や成績評価には裁量が広く認められ、その基準が不透明な場合も多い。児童・生徒の立場から見ると、校則に反した場合にどんな不利益な扱いを受けるか分からない。学校の卒業認定や成績評価は、児童・生徒の人生に多大な影響を与えることも多く、不利益な扱いは罰金よりも強い制裁と感じられることも多い。

さらに、各学校には施設管理権があり、児童・生徒に対し施設のどこへの立ち入りを認めるかを決定できる。大阪黒染め校則訴訟の事案に見られるように、校則違反の児童・生徒が所属学級の教室に入ることを禁止し、心理的圧迫の大きい別室指導をすることもある。

中学校の場合には、高校入試に直結する内申点評価権能がある。内申点は、ペーパーテストの点数のような比較的客観的に認定できる要素の他に、授業態度のような担当教員以外は把握できない要素によっても評価される。校則違反が教科の成績評価で不利益な事情と扱われる可能性を恐れて、生徒は校則の遵守へと駆り立てられる。

第二に、校則には離脱可能性がない。児童・生徒が自由に学校を選択できるなら、おかしな校則の学校は避けられるかもしれない。しかし、実際には、学校の選択肢は非常に限定されている。公立の小・中学校では、そもそも選択できないことも多い。高校や私立学校の場合でも、自宅との距離や学力の関係で、選択肢はごく少数に限定される。[35]

また、自分の入学した学校の校則が理不尽であることに気付いたとしても、別の学校に転入するのは難しく、[36] 学校は児童・生徒の学校卒業認定権能をほぼ独占する。[37] 転校や高卒認定試験などの制度はあるが、気軽に選べる選択肢ではない。そして、小・中学校や高等学校の卒業資格は、個人の人生にとって極めて大きな意味を持つ。「嫌なら卒業資格を取らなくてよい」と簡単に言えるものではない。

このように、実際の学校現場では、校則は時に法律以上に強い拘束力を発揮する。校内暴力やいじめの加害者が、平然と刑法を無視していながら、[38] 制服や髪型の校則を遵守することも稀《まれ》ではないことは、その証左だろう。

三―三　契約論と平等論

(1) 契約論からの対応

校則が児童・生徒を拘束する現実的な強さを踏まえると、司法が積極的に理不尽な校則を是正する枠組みを作る必要がある。では、どのような法的対応が考えられるのか。

まず、契約論の観点からの対応を考えてみよう。児童・生徒と学校の法的関係は契約関係だとされる。[39] 契約関係なら、児童・生徒には契約に示されていない校則に従う債務は生じず、その校則を無視しても教育サービスを提供するよう請求する債権があると言える。学校が校則を守らせたいなら、入学志望者に入学手続時に周知徹底したり、校則の内容を公表したりせざるを得なくなる。

また、校則は定型約款の一部となる場合がある。その場合、校則の内容が児童・生徒に一方的に不利益を与えるもので、社会通念に反する場合には、定型約款不同意の規定（民法五四八条ノ二第二項）が適用できる[40]。

契約論の観点は、校則内容を周知徹底・公開させ、また、入学時にその内容に同意するか否かを選ぶ機会を与えることにつながる。各学校は周辺校と比べて不人気にはなりたくないから、理不尽な校則を減らすのに役立つだろう。さらに、定型約款不同意規定も意義を発揮する可能性がある。

ただし、在学契約書などに「学校長は校則を一方的に制定・変更できる」などという条項が明記されると、却《かえ》って校則の法的拘束力が強化されてしまう。二に述べたように生徒の立場は弱いから、嫌でも校則を遵守する旨の契約書にサインせざるを得ないこともあろう[41]。定型約款不同意規定が機能すればよいが、過去の裁判例を見ていると「社会通念に反する」と認定されるケースはかなり極端なものに限定される可能性もある。

（2）平等論からのアプローチ

そこで、必要になるのが、平等権（憲法一四条一項）の活用だ。多くの場合、校則は、執拗《しつよう》な呼び出しや別室指導など、特別な教育指導の根拠とされる。学校は、「その校則に従った生徒」と「従わなかった生徒」で、通常の授業が受けられるかどうかの区別をしていることになる。不合理な区別は平等権侵害だ。公立学校では憲法一四条一項が直接適用できるし、私立学校でも私法規定を通じた間接適用ができる。

平等論から考えると、校則はどう評価されるのか。まず、多くの校則は、犯罪・授業妨害・学習怠慢を止めることを目的として制定される。例えば、派手な下着を着ると恐喝や暴力などの非行に走りやすいとか、服装に凝りだすと学習に集中できない、といった説明がなされることが非常に多い。

しかし、非行や授業妨害を防ぎたいなら、端的に、恐喝・暴行、授業妨害それ自体を禁じれば足りるはずだ。恐喝・暴行、授業妨害に厳しい処分を課しても、理不尽と評価する人は少ないだろう。

他方、「特定の髪型などの生徒は、非行に走りやすい（学習に集中しにくい）」という認定は、厳密な因果関係[42]を認定できない限り、単なる偏見だ。偏見に基づく区別は、不合理な区別の典型であり、平等権侵害となる。また、「いくら学習意欲が高く、受講態度に問題がなくても、特定の髪型／服装／下着の色の生徒には授業をしたくない」などという態度は、偏見を超え、差別にあたる。

狭い意味での法的拘束力がないとしても、校則には、児童・生徒への強い事実上の拘束力がある。このため、その理不尽を是正する法的枠組みが必要だ。

契約論からは、校則内容の公開や同意の機会付与の要請が導ける。一方、平等権は公立学校において、偏見・差別に基づく校則を排除し、犯罪・授業妨害・学習怠慢などの害悪それ自体をターゲットにした校則を制定することを導ける。

学校側は非常に強い立場にあり、児童・生徒は相当な理不尽であっても受け入れざるを得ない状況[43]におかれているという実態を踏まえた法律論が必要だ。

四、制服の意義と問題点

兒童、生徒ノ服制ニ就イテハ、先般訓令セラレタ次第モアルカ、物價騰貴ノ烈シイ今日ニ於テ一定ノ制服ヲ着用サセルコトハ父兄ノ負擔ニ影響スルトコロ多イカラ、此際機宜ノ處置トシテ先ツ以テ中等程度以下ノ學校ニ於テハ一定ノ制服ヲ止メ、洋服又ハ和服等便宜ノ服裝テ差支ナイコトニ省議決定致シマシタ。尚今後ハ服裝ニ就キ一層質素ヲ尚ヒ實用ヲ旨トスルコトニ注意セラレ、以上ノ趣旨ニ副フ樣適宜ノ御措置ヲ望ミマス。右命ニ依ツテ通牒シマス。

追テ學校職員ノ服裝ニ就イテモ本文ノ趣旨ニ依ツテ取扱ハレタイ。

――「中等程度以下ノ學校ハ此際兒童生徒ノ制服ヲ止メ便宜ノ服裝トシ質素實用ニ注意方」[44]

四―一　着用・非着用の強制をめぐって

前節まで、校則について考察し、次のような結論を得た。

まず、学校には児童・生徒に何かを強制する権限がない。このため、学校は、校則の定めを強制することはできず、例えば、教員が生徒の意思を無視して身体を押さえつけ、髪を黒く染めたりしてはいけない。制服についても同様で、生徒の私服を無理やり脱がして制服に着替えさせたりすれば暴行罪等の犯罪になる可能性もある。

他方、学校は、児童・生徒に様々な指導をする権限がある。髪型校則に違反した児童・生徒に、他の児童・生徒と同じ教室に立ち入るのを禁じて「別室指導」を行ったり、登校を事実上禁じる「謹慎」を命じたりしても、裁判所はこれを「強制」とは認定しない。非常に緩やかな基準で、指導が合理的かどうかを検討するだけだ。

しかし、学校の指導が、児童・生徒への「強制」でないと考えるのは実態に反する。髪型等に関する校則の合理性は厳密に検討されるべきで、「茶髪にすると非行に走る可能性が高い」程度の推測で別室指導などをするのは適法とは言い難い。

制服についても、基本的には今指摘した校則に関する考え方が妥当する。

ただし、制服着用の強要には、他の校則とは異なる根拠が示されることがある。経済格差の遮断だ。また、近年、制服着用の強要とは逆に、生徒がデモ行進など外部の活動に参加するときに、所属学校が表示されないように制服を着用しないことを求める学校があるという。このような非着用指導は適法と言えるのか。
今回は、こうした制服の問題を掘り下げてみたい。

四―二　制服の歴史

まず、制服の歴史を簡単に確認しておこう。
男子の制服は、大学から始まった。一八七九（明治一二）年、学習院で、今でもよく見る海軍型ホック留めの詰襟学生服が採用された。一八八六（明治一九）年には、帝国大学（後の東京帝国大学・東京大学）で陸軍型のボタン留め詰襟学生服が採用された。全国の旧制高等学校・旧制中学校にもこの文化は広がり、各学校は「服装規定」を整えるに至った。こうして、男子中高生といえば詰襟学生服という文化ができた。なお、当時の大学・旧制高校では、制服とは別に、指定の制帽を被《かぶ》る文化があった。制帽には、所属の大学・高校の紋が入り、詰襟学生服ではなく着物に学帽で勉学に励むスタイルの学生・高校生もいた。また、学習院は、一八八五（明治一八）年に、生徒心得に、背嚢《はいのう》と呼ばれる軍式カバンの使用を求める規定を導入する。これが、「ランドセル」の源流と言われている。[45]
他方、この時期、女性は大学に入学できなかった。女子の制服文化は、一八九九（明治三二）年以降に設置された高等女学校に始まる。高等女学校とは、満一二歳以上の高等小学校第二学年修了者が通う四年制の学校で、現在の中学校程度の教育課程にあたる。

一九〇〇年代には、女学校ごとの服装規則の制定が進む。当初は、和装で袴《はかま》を制服とするところが多かったが、一九二〇年代に制服の洋服化が始まる。セーラー服が人気を博し、多くの学校で取り入れられた。一九三〇年代になると、女学校の制服といえば、袴ではなく、セーラー服という観念が定着する。[46]

こうして、戦前には、男子は詰襟、女子はセーラー服というイメージが出来上がっていた。その後、一九四七（昭和二二）年に学校教育法が施行され、新しい学制が始まる。新制高校は、男子校だった旧制中学や、女学校が再編されたものだ。旧男子校が女子を受け入れる際には、新たに女子用の制服規則が作られたわけだが、セーラー服の他にブレザー型も人気となった。

戦後の制服は、完全私服の学校から、スカート丈を定規で測る厳格な指導をする学校まで様々だ。[47]高校では、総じて、進学校ほど私服が多い傾向が指摘されるが、いわゆるトップ進学校でも制服を採用する学校は多く、例えば、都内では都立日比谷《ひびや》、私立の開成・桜蔭などが制服採用校だ。

四―三　機能とファッション性

　では、学校が制服の着用を求めることには、どのような理由があるのか。制服導入の理由を整理してみよう。

（1）明治期の制服の意義

　明治期に近代的な学校制度が始まった段階では、必ずしも制服の着用は要求されていなかった。そうした中、次第に制服が広がっていったのには、次の二つの理由があったようだ。

　まず、重要だったのが機能性だ。明治時代に一般的だった着流しは、学校での活発な活動に適さず、特に体育の授業に支障があった。学習院で洋服の着用が求められたのも、体操や馬術などの科目に対応するためという色彩が濃かった[48]。また、高等女学校でも、良妻賢母としての健康な身体の育成が求められ、体育は重視された[49]。

　次に、戦前、中等教育・高等教育は、誰もが通る道ではなく、在学生には国家を支えるエリートに成長することが期待された。このため、制服には、エリートとしての身分を表示し、その自覚をもたせるという意味合いもあった。帝国大学では、制服導入当時、体操などの授業はなく、学生服は、身分表示としての色彩が強かったという。[50]また、明治期の教員養成校である女子師範学校でも、高価だった洋装の服装規定が制定された。当時の女性にとって、教員はほぼ唯一の公的職業であり、女子師範学校に所属することは、国家における女性エリートだった。公的身分へのつながりを示すための服装規定といえる。[51]

もっとも、機能性とエリート身分の表示という制服の意義は、現在では大きくないだろう。体育の時間には専用の体操服を着るのが一般的だし、洋服が普及した現代では、普段着の方が詰襟学生服やブレザーの制服よりも動きやすいぐらいだ。また、中等教育・高等教育が普及し、国民の平等の理念が憲法に謳《うた》われた今の日本では、エリート身分の表示も必要ない。

では、なぜ、制服が現代社会にも残っているのだろうか。

(2) ファッション性

実は、制服には、「着る側がそれを望んでいる」という面もある。

明治期に女子用の制服として導入された袴は、もともと宮中の高貴な女性のファッションであり、憧《あこが》れの対象だった。[52]一九二〇年代に、女学校で導入された洋装やセーラー服の制服は、生徒から強く歓迎されたという。例えば、神奈川県立平塚《ひらつか》高等女学校では、一九二四（大正一三）年に洋装の制服が決まったが、大歓迎する在校生の声が残っている。[53]

現在でも、制服には生徒お気に入りのファッションとしての意味がある。一九八〇年代以降、生徒たちの好みに合わせた制服を採用することで、志願者が増え、入試偏差値も上がるという現象が起きることもあった。有名なのが、頌栄女子学院中学・高校の例で、一九八二（昭和五七）年にタータンチェックのキルトスカートとブレザーコートの制服を採用したところ大評判になった。[54]今日でも、おしゃれな制服デザインを目指して努力する学校は多い。[55]

（3）一律強制の理由

児童・生徒自身が好きなファッションを選んで、自発的に着るなら、「学校による強制」という問題は生じないはずだ。しかしながら、実際には、学校は児童・生徒に一律着用を要請する。現代において、学校はなぜ制服を定めるのか。

その第一が経済格差の遮断だ。生徒同士が華美を競い、学校内に家庭の経済格差が持ち込まれるのを防ぐには制服が良いと、しばしばいわれる。

これは、明治期にもあった議論だ。岩村藩《いわむら》（現在の岐阜県の一部）出身の教育家の下田《しもだ》歌子《うたこ》は、一八九九（明治三二）年に、実践女学校・女子工芸学校を創設するにあたって、服装規定を整備し、質素な木綿でできた授業服の着用を求めた。女子の制服規定の最も早い事例とされる。制服の趣旨は、両校に集まる生徒の階級がまちまちで、服装の格差が学校に持ち込まれないようにするためだったと説明されている。[56]

戦後も同様の趣旨で、制服を導入した例がある。例えば、神奈川県立横浜緑ヶ丘高校（旧制横浜三中）には制服のルールはなかった。しかし、一九五〇年代に、生徒たちが服装の華美を競うような事態になり、保護者たちは、制服を定めてほしいと要望した。この結果、ダブルのブレザーの制服が採用されている。[57]

このように、制服は、経済格差を見えにくくする機能を発揮する場合がある。ただし、状況によっては、かえって貧しい家庭の負担になることもある。その例が、冒頭に掲げた文部省の通牒《つうちょう》だ。これは、第一次世界大戦後の物価高の中で、制服を夏冬一式取りそろえるのが負担になる家庭も多かったという状況で出されたものだ。[58]

第二は、精神の規律だ。「服装の乱れは心の乱れ」というスローガンに見られるように、一律の制服着用を要請することで、児童・生徒たちが真面目になり、学業に専念できるという理屈だ。

これは、戦前期よりも、特に戦後に見られる論理だ。一九七〇年代以降、「ツッパリ」「ヤンキー」「レディース」たちが長ラン・ボンタン・レディーススタイルのロングスカートといった詰襟制服・改造したセーラー服を使って、他者を威嚇するといった現象が目立った。一九八〇年代になると、そうした「不良の改造制服」を止めさせるため、男女ともにブレザーの制服を導入する学校が増えた。また、一九九〇年代から二〇〇〇年代でも、校内の真面目な雰囲気の確保のために、厳密に制服を着用させようとする学校がある。そうした制服ルールの厳格化は、必ずしも、教師側の論理ではなく、怖い上級生がいなくなるといった生徒側の需要を受けている場合もある。[59] 極端に短いスカートや特定ブランドのニット着用等、友人による同調圧力を負担に感じる生徒からも、厳しい制服指導を歓迎する向きはあるかもしれない。

今日、制服着用を要請、強制する主たる根拠はこの二つと言ってよいだろう。

四―四　制服問題の考え方

以上を踏まえ、制服をめぐるトラブルの考え方を整理しておこう。制服をめぐるトラブルには、学校側の制服着用強制と、逆に、学校が制服を着用しないよう求める場面の二つが想定される。

（1）制服着用の強制

まず、学校教育法などの法令には、学校が児童・生徒に特定の服装を「強要する権限」は規定されていない。また、教育基本法や学習指導要領など、教育内容を定めた法律や要領には、制服着用を教育の必須要素とする内容はない。だからこそ、私服登校を認めても違法にならない。

ただし、制服を着用しない生徒に対し、繰り返しの着用指導や別室指導、懲戒処分などが行われる可能性がある。前回、校則について指摘したように、そうした指導・処分は、児童・生徒に事実上の強い強制力を持つ。他方、特定の服装の者には教育を受けさせたくないという感情で指導を行うのは差別であり許されない。そうすると、制服を着用しない生徒への指導・処分には十分な根拠が必要だ。

現在、学校が制服着用を求める主たる根拠は、経済格差の遮断と精神の規律の二つだ。これらは、目的として不当とは言い難い。ただ、その目的を達成する手段は、一律の制服強制だけではないと指摘されてきた。経済格差の遮断のためなら、華美な服装を避けてもらったり、一種類に絞らず複数の標準服の中から選んでもらったりする方式でもいい。精神の規律についても、制服を着ると勉強に集中できるという因果関係を立証するのは難しいだろう。周囲を威嚇する服装は、そうした服装を止めるよう指導すればよく、一種類の制服を強要する必要まではない。そうすると、制服指導の根拠は、意外と弱い[60]。また、宗教的な理由や性自認[61]との関係で、制服を着たくないという場合もある。この場合、合理的配慮が必要なことに異論は少ないだろう。制服着用の自由化は、そうした配慮を行いやすくする。

とすれば、制服を着用しない児童・生徒に事実上の強制を行うのは原則違法とし、相当な根拠がない限り指導裁量の範囲外と考えるべきだろう。ただし、もちろん、学校がお勧めの制服を紹介したり、それを好む児童・生徒が自発的に着用したりすることは法的に問題ない。児童・生徒の好みや意見をよく聞いてデザインした制服なら、あえてそれを着ない選択をする者は少ないだろう。

（2）制服非着用の強制

他方、学校が制服を着用しないよう要請することはどうか。制服のデザインや校章を見れば、所属学校が分かるのが一般的だ。二〇一五年の安保法制制定に反対するデモで、デモ行進に参加しようとする生徒に、制服を着用して参加しないことを要求する学校があったという[62]。

その要請を無視した場合に、別室指導などをすることは許されるのだろうか。この点、学校の指導権限や施設管理権限は、あくまで教育や校内の秩序維持のためのもので、それを校外活動の統制に使うことはできないと考えるべきではないか。もちろん、ヘイトデモや犯罪行為に制服を着て参加すれば、学校の信用を失墜させる行為となるだろう。しかし、それは制服を着たことではなく、ヘイトデモや犯罪行為に参加したこと自体を理由に懲戒処分の対象とすればよいように思われる。

学校の制服は、時代によって様々な根拠が示されてきた。同じ詰襟の学生服でも、明治期の帝国大学と、近年になって新たに制服を導入・復活した学校では、その意味合いは異なっている。制服の根拠は常に問い直されるべきだ。

そして、今日、多様な児童・生徒の学校への包摂が重要な理念になっている。根拠が弱い中で、制服着用を一律に強制するのは避けるべきだろう。不合理なルールの遵守は、「集団への帰属意識の証明」になる。不合理なルールを押し付ける主体は、これまで「学校・教師」との前提があったように思えるが、今日では、友人間の同調圧力も無視できないのではないだろうか。児童・生徒の自由を確保しようとするなら、集団への帰属意識を証明する以外に意味のないような不合理なルールは、学校によるものであれ、友人によるものであれ、なくしていく必要がある。制服に関するルールにおいても、常に合理性を問う姿勢こそが重要だ。

五、教科書検定と検閲の境界

日本における「教育の自由」論は、近代立憲主義の系譜の中では特殊な現れ方をしている。（中略）日本では「国民の教育権」あるいは「親・教師の教育の自由」が主張されるとき、日本国憲法の理念に適合する公教育を推進する公権力に対抗して、親あるいは親に代位する教師が、その私的な宗教的信条に従って自分達の子どもを教育する自由が主張されているわけではない。むしろ公教育をその理念から逸脱させる教育内容への干渉を公権力が行っているとの前提から、公権力にかわって憲法の理念に適合する教育を行うための根拠として、国民の教育権が持ち出されている。

——長谷部《はせべ》恭男《やすお》『憲法〔第八版〕』

教科書検定と憲法との関係は、一貫して問題になり続けている。二〇二二年三月に発表された令和三年度の検定では、戦時下での朝鮮人の「強制連行」や「従軍慰安婦」という表現について、政府見解に合わせ修正するよう求められ、多くの教科書の出版社が応じた。

これは、二〇一四年改定で検定基準に「閣議決定その他の方法により示された政府の統一的な見解又は最高裁判所の判例が存在する場合には、それらに基づいた記述がされていること」という項目[63]が盛り込まれた結果だ。

政府見解や最高裁判例の内容を説明するとき、それを正確に記述すべきなのは当然だろう。

例えば、憲法学者が公民の教科書を執筆する場合、自分が自衛隊を違憲と考えていようがいまいが、政府が合憲の立場を採っていることは説明するはずだ。しかし、強制連行や従軍慰安婦という表現が適切かどうかは、政府が政治的に決定することではない。歴史学の見地から判断されるべきものだ。例えば、内閣が「広島に原爆が投下された事実はない」と閣議決定したとしても、原爆投下の事実を教科書で否定すべきだとはならないだろう。

では、教科書検定はどうあるべきなのか。今回は、この点について考えてみたい。

五—一　教科書検定とは何か？

まず、そもそも教科書検定とは何かを整理しよう。

高等教育では、それぞれの関心と適性に従い異なる分野を専攻する。これに対し、初等・中等教育は、職業活動や高等教育の前提として、普遍的に要求される知識・判断力・技術などを身に着ける場だ。このため、全国どこでも、一定の水準を充《み》たす、普遍的な内容が求められる。

そこで、学校教育法は、文部科学大臣に、小学校・中学校・高等学校及びそれらに相当する教育を行う学校（いわゆる中高一貫校など）における「教育課程」を決定する権限と義務を設定している（同法三三・四八・五二条等[64]）。学校教育法施行規則は、教育課程の基準は、文部科学大臣が公示する「学習指導要領[65]」により示されると定める（学校教育法施行規則五二・七四・八四条等）。

全国で学習指導要領に則った教育を行うには、要領に適合する教科書を用いるのが適切だろう。そこで、学校教育法は、小学校・中学校・高等学校及びそれらに相当する教育を行う学校では、文部科学大臣の検定を経た教科書を使わねばならないと定める（学校教育法三四・四九・六二条[66]）。これが教科書検定制度だ。

もっとも、文部科学大臣は教育や国語学・数学等の専門家として選ばれているわけではなく、また、一人で膨大な科目の膨大な数の教科書すべてに目を通して検定することは不可能だ。そこで、文部科学省は、教科用図書検定規則（文部科学省令）で検定の詳細な手続を定め、検定の内容については教科用図書検定基準を告示している。これらの規則・基準に基づき申請された教科書を検定するのが、教科書検定だ。

教科書検定は、教科書発行者（主に教科書会社）の申請から始まる（検定規則四条一項）。申請があると、文部科学省の職員である教科書調査官の調査が行われ、「調査意見」と審査のための資料がまとめられる（検定規則一一条）。

次に、申請書籍に調査意見と関係資料が付され、教科用図書検定調査審議会に諮問される。この審議会のメンバーは、それぞれの科目の専門家である大学教授や、小学校・中学校・高等学校の教員らから構成される。審議会は審議の上、文部科学大臣に答申を行う。大臣は、これに基づき、合否を決定し、申請者に通知する。

基準との乖離《かいり》の激しい書籍の場合には単に不合格とされるが、多くの場合には、合否判定を留保した上で、検定意見が通知され（検定規則七条一項）、申請者がそれに基づき修正あるいは反論を行い、それを踏まえて、最終的な合否が判定される。教科書の出版社としては、検定意見を無視すれば不合格の可能性が高く、不合格になればビジネスにならないため、大半の場合、それに沿って修正して合格を得る。

五―二　検閲論の意義と限界

教科書検定で行われる作業の多くは、引用の正確さや誤記の確認、指導要領との照らし合わせなどで、その必要性を肯定しやすい。

しかし、日本近現代史の教科書検定では、多くの問題が起きてきた。戦前から戦中の日本の軍事活動に関わった人々やその子孫の中には、当時の日本の軍事行動をできるだけ正当化したいと考える人もいる。関係者でないにしても、自分の属する国が国際的に非難されるべき行為をしたことを受け入れたくないと考える人も少なくない。そうした人々の支持を得る政治家は、その関心を教科書に反映させようとする。とはいえ、そうした欲求に基づく記述は、歴史学の適切な手法とは言い難い。

そこで、どうやって歴史教育の自律性を守るかが問題となってきた。その一つの手法が、政治的圧力を受けやすい文部科学省から距離のある現場教員の裁量を拡大するという論理構成だった。教科書検定を表現の自由（憲法二一条一項）、検閲されない権利（同二項）の侵害と捉え、違憲無効とできれば、現場の教員が一般書籍として発売された教科書の中から好きなものを選べるようになる。

これに現場の教員を、公権力ではなく国民の側に位置付け、「国民の教育権」の担い手と位置付ける論理が組み合わされた。[67]

しかし、この筋立てには無理があった。

まず、実態の問題として、文部科学省に問題があるからと言って、現場の教員に問題がないということにはならない。教科書検定がなければ、現場の教員の中に、歴史学の標準から大きく外れた図書を教科書に指定する者が出てきても止められなくなる。批判的判断力を形成する途上にある小学生・中学生に対する教育の在り方としては危うい。

また、理論としても問題がある。第一に、教科書指定は、書籍を発行する自由を制限するものではない。教科書とは、授業の基準となる図書として、特権的地位を付与された書物だ。教科書検定は、自由に発行された書籍の中から、特権的地位を与えているだけだ。

第二に、教科書検定をやめても、行政機関による教科書選定の問題はなくならない。教科書検定は、個々の教室での教科書指定に先立ち、選択肢を一定範囲に限定する仕組みだ。もしも教科書検定がなかったらどうなるのか。各自治体の教育委員会、学校長、個々の教員らが、任意の書籍を教科書として指定することになる。実際、教科書検定制度がない大学の授業では、教授会が学部共通授業の教科書を決定したり、個々の担当教員が教科書を指定したりしている。

公立学校の場合、学校長や個々の教員も、国や地方自治体の職員であり行政機関だ。つまり、個々の教員による選定制度も、公権力による教科書選抜の一種となってしまう。私立学校の場合も、学校教育法の一条校であれば、学校教育法に則った教育を行うことを条件に、学校教育法上の「学校卒業資格」という公的資格の認定権限を認められた存在である。このため教育課程との関係では、完全な私的主体ではなく、教育行政の一部を委任された立場にある。

　教科書を発行する者にしてみれば、教科書検定で不合格になることと、学校で指定されないことは、教科書として特権的な地位を付与されなかったという点で全く等しい[68]。

　それゆえ、高校日本史教科書をめぐり検定の違憲性を争った第一次家永《いえなが》教科書事件上告審判決[69]によれば、教科書検定は「教科書という特殊な形態において発行を禁ずるものにすぎない」から表現の自由の違憲な侵害とは言えない。また、その書籍の「一般図書としての発行を何ら妨げるものではなく」検閲に当たらないとした。

五―三　文化専門職の自律という理念

　しかし、自由の制限にならないからと言って、文部科学省を通じた政治的圧力を教科書に反映させていいということにはならない。

そこで、近年、文化専門職の自律[70]という観点から、この問題に切り込む見解がある。教科書検定の手続で最も問題になるのは、教科書調査官による調査意見だ。調査官は文部科学大臣の指揮系列の中にあり、政治から独立していない。つまり、政治から圧力を受けたときには、抵抗し難い地位にある。この点を是正するため、調査意見の制度を止め、教科用図書検定調査審議会が自律的に審議し、審議会の意見を無視した文部科学大臣の決定は違法なものと推定する制度の提案がなされている。[71]

こうした方法は、確かに魅力的だ。学術的に同じ水準を充たした教科書の一部を、政治的圧力をもとに修正させたり、不合格にしたりするのは、平等原則に反する。審議会の自律は、平等原則の観点からも根拠づけられる。

もっとも、審議会に強い自律性を持たせれば、今度は、審議会のメンバーをどのように選抜するかが政治問題になる。政治家たちは、自分の望む方向の審議をする者を有識者として委員に選んでしまうだろう。このため、委員の選抜自体を、政治から独立した委員会や日本学術会議に委ねるなどの手法も必要になってくる。

教科書検定の問題は、このような文化専門職の自律という理念から改善するのが妥当だと思われる。

初等・中等教育は、国・独立の審議会・都道府県・市町村・各学校現場という数多くの主体が役割を分担して実現している。教科書検定＝検閲論や「現場の教員＝『国民』の教育権」論は、現場教員の裁量に期待しすぎていたきらいがある。
教科書検定の問題は、教育に関わる様々な主体の最適な役割分担を探る方向で解決すべきだろう。

【註】

1 第一回のセミナーは、樋口陽一他『憲法を学問する』有斐閣、二〇一九年としてまとめられている。

2 樋口陽一教授の『憲法』は、「日本国憲法とその運用を、近代憲法史・憲法思想史の流れの中に位置づけてとらえることを通して、憲法学についての「見とおし図を提示しようとして、書かれている」(同書「はしがき」)。一九九二年に同書初版、一九九八年に改訂版、二〇〇七年に第三版が創文社より出版された。第四版は、創文社の閉業を受け、勁草書房より出版されている。

同書は、日本国憲法の概説書だが、それ以上に、日本国憲法を素材とした憲法理論を提示する書としての色彩が強い。これは、ワイマール憲法を素材としながら、普遍的な憲法理論を提示しようとしたカール・シュミット『憲法理論（*Verfassungslehre*）』（一九二八年初版）の試みを継承したものと言える。

3　以下の整理は、樋口陽一『憲法〔第四版〕』勁草書房、二〇二一年、三〇〇頁による。また、樋口教授がここでの整理を最初に提示したのは、内野正幸他「【シンポジウム】最高裁と教科書裁判」『法律時報』六四巻一号、一九九二年、一〇頁以下である。

4　例えば、芦部信喜〔高橋和之補訂〕『憲法〔第七版〕』岩波書店、二〇一九年、二八三～二八四頁は、教育を受ける権利の社会権的側面として、「国は、教育制度を維持し、教育条件を整備すべき義務を負う」と整理する。この記述は、教育の物的側面の整備を強調するもので、教育内容には踏み込んでいない。近時の体系書でも、例えば、渡辺康行他『憲法Ｉ　基本権』日本評論社、二〇一六年、三八六頁（工藤達朗執筆）のように、社会権としての教育を受ける権利について、教育内容への含意を読み込まないものが多い。

5　兼子仁『教育法〔新版〕』有斐閣、一九七八年、一九五～一九六頁は、「教育の目的・あり方について法規範を設けること自体が国民の『教育の自由』との関係で問題をはら」むとし、「民主主義も平和も真理も人間教育上の目的である以上、それが教育基本法に規定されたからといって教育内容を具体的に拘束しうるわけではな」いと読む。

6　高橋和之『立憲主義と日本国憲法〔第五版〕』有斐閣、二〇二〇年、三四四頁は、公教育の語を「国（自治体を含む）が責任を持つ公立学校」を中心とした教育であり、「国が教育の場を提供し、親が自己の保護する子どもをそこに通わせる」ことでなされるものと定義している。

7 樋口教授は、内野正幸他「【シンポジウム】最高裁と教科書裁判」一〇頁にて、「公教育」を「教育の自由」と対置されるものと位置付け、「国民の国家に対する教育請求権なるものから、公民教育の民主国家的意義まで、盛り沢山の『内容』を論じ」、そこから導かれる教育がその一例だとしている。

8 述べたように、教育権論争の発端は、教育学者・宗像誠也の「国民の教育権」の提唱による（同『教育権の理論』青木書店、一九七五年参照）。これは、「教育権」は、主権者としての国民一般にあるとする理論である。ただし、ここに言う教育権は、「教育について発言したり、その方向決定を働きかけたりする」程度のものであり、奥平康弘「教育を受ける権利」芦部信喜編『憲法Ⅲ 人権（2）』有斐閣、一九八一年、四一二頁は、教育権を「憲法上特別な権利保障に値するものと構成しなければならない理由を」「認めがたい」と切り捨てている。

9 東京地方裁判所判決昭和四五年七月一七日（『行政事件裁判例集』二一巻七号別冊、一頁）。

10 東京地方裁判所昭和四九年七月一六日（『判例時報』七五一号、四七頁）。

11 最高裁判所大法廷判決昭和五一年五月二一日（『最高裁判所刑事判例集』三〇巻五号、六一五頁）。

12 以上につき、樋口『憲法〔第四版〕』三七〜四二頁。また、Jean-Jacques Rousseau, *Du Contrat Social ou Principes du droit politique*（1762）, Alexis-Charles-Henri Clerel de Tocqueville, *De la démocratie en Amérique*（1835-1840）, Carl Schmitt, *Verfassunglehre*（1928）の三著が特に参照される。

13 樋口教授は、内野正幸他「【シンポジウム】最高裁と教科書裁判」一〇頁で、「公教育、それから言葉の非常に緩い意味で主権者教育という系列の思考」と整理しており、公教育と主権者教育の概念は同系列にあることを強調している。

14 樋口陽一『近代国民国家の憲法構造』東京大学出版会、一九九四年、一七六頁は、「近代国家における『公』教育は、啓蒙された公論の形成をその目的とし、公権力をその担い手として推進され」るとし、これに対し、「国家＝『公』からの自由としての教育の自由が、多くの場合には親および宗教団体の信教の自由の主張と重なった形で、強く抵抗する、というラディカルな図式があらわれ」るとする。

15 第一章で紹介したPierce v. Society of Sisters, 268U. S. 510（1925）は、私立学校等での教育を許さず、八〜一六歳の子どもに一律に公立学校での教育を受けることを義務付けたオレゴン州法について、親の教育の自由の侵害であり、違憲無効とした。

16 樋口『憲法〔第四版〕』三〇一頁。

17 荻上チキ・内田良編著『ブラック校則』東洋館出版社、二〇一八年、「はじめに」参照。

18 大阪地方裁判所判決令和三年二月一六日（『判例時報』二四九四号、五一頁）。

19 大阪高等裁判所判決令和三年一〇月二八日（『判例時報』二五二四・二五二五号合併号、三二八頁）。

20 最高裁判所第二小法廷決定令和四年六月一五日（令和四年（オ）第一八七号／令和四年（受）第二二八号）。

21 こうした言い回しは、千葉地方裁判所判決昭和六二年一〇月三〇日（『判例時報』一二六六号、八一頁）、高知地方裁判所判決昭和六三年六月六日（『判例時報』一二九五号、五〇頁）、

高松高等裁判所判決平成二年二月一九日(『判例時報』一三六二号、四四頁)、東京地方裁判所判決平成三年六月二一日(『判例時報』一三八八号、三頁)などにも見られる。校則の違法性が問題となった場合の一般論として、よく見られる表現だ。

22 いわゆる制服も校則で定められることが多い。制服の着用義務が問題となった千葉地方裁判所判決平成元年三月一三日(『判例時報』一三三一号、六三頁)では、学校(被告)自ら「制服の定めはその着用を強制するものではない」と主張している。

23 これを受け、学校教育法施行規則(文部科学省令)は、懲戒のうち、特に重要な退学・停学・訓告の三種類を列挙し、これを校長の権限とする(同二六条二項)。これらの懲戒処分は、校長が自由裁量で行うわけではなく、相応の理由が要求される。つまり、単に校則違反というだけで、懲戒処分が適法になるわけではない。特に、退学処分は重大な影響があるので、改善の見込みのない性行不良・学業不振・正当理由なき欠席・学生等の本分に反したことという要件を充たす必要がある(同三項一~四号)。

24 もちろん、当該児童・生徒が学校でどのように過ごしていたか、また、どのような教育がその児童・生徒に相応しいかは、実際に現場で当人と接していた教員でないと分からない点があり、教育者としての専門的・技術的な裁量に委ねるべき部分も大きい。

このため、校長の懲戒処分に関する裁量は広く認められる傾向がある。例えば、大阪地方裁判所判決昭和四九年三月二九日(『判例時報』七五〇号、四八頁)は、「退学などの懲戒事由に該当する事実がある場合においても、その生徒に懲戒を加えるか否かは、その判断が社会通念上著しく妥当を欠くと認められる場合を除き、学校内の事情に精通している校長の裁量にまかされており、それによって適切妥当な結果の生ずることを期待していると解される」と述べる。

25 校則の違法性が裁判で争われた場合、校則自体に法的効力が認められることはほぼない。例えば、最高裁判所第一小法廷判決平成八年二月二二日（『判例タイムズ』九〇二号、五一頁）は、丸刈り校則について「生徒の守るべき一般的な心得を示すにとどまり、それ以上に、個々の生徒に対する具体的な権利義務を形成するなどの法的効果を生ずるものではない」と述べる。

26 同様に、髪型に関する校則違反にもかかわらず、卒業できた例として、中学校の丸刈り校則が問題となった熊本地方裁判所判決昭和六〇年一一月一三日（『判例時報』一一七四号、四八頁）がある。判決は、原告が「終始本件校則にしたがわなかったが、そのことを理由とする処分を何ら受けないまま同中学を卒業したことは、弁論の全趣旨に徴し当事者間に争いがない」と認定している。要するに、校則の髪型規定は、拘束力のない任意規定ということだ。

27 大島佳代子「校則裁判――黒染め訴訟からみた校則の合理性」『季刊教育法』二一一号、エイデル研究所、二〇二一年、一三頁は、一連の校則訴訟で校則の違法性が認められた事例がないことを指摘する。裁判所が校則の違法性を認めないのは、相当に不合理な内容でも拘束力がなく、無視しようと思えば無視できるという判断が背景にあると思われる。

28 Y高校がXに行った教育は、実質的には通信教育に等しいように思われる。高校の通信教育課程については、高等学校通信教育規程に則る必要がある。

29 千葉地方裁判所判決昭和六二年一〇月三〇日（『判例時報』一二六六号、八一頁）。

30 最高裁判所第三小法廷判決平成三年九月三日（『判例時報』一四〇一号、五六頁）。

31 最高裁判所第一小法廷判決平成八年七月一八日（『最高裁判所裁判集民事』一七九号、六二九頁)。

この訴訟は、しばしば「○○高校パーマ校則訴訟」と呼ばれる。もっとも、適法性が争われた学校側の自主退学勧告は、授業中の多数の私語、カンニング、「うるせえ」などの教員への暴言、無断バイト、パーマ禁止の校則違反、自動車運転免許取得の校則違反などを総合考慮してなされたもので、純粋に髪型だけが問題となったわけではない。

東京地方裁判所判決平成三年六月二一日(『判例時報』一三八八号、三頁)は、「高等学校は、生徒の教育を目的とする団体として、その目的を達成するために必要な事項を学則等により制定し、これによって在学する生徒を規律する権能を有し、他方、生徒は、当該学校に入学し、生徒としての身分を取得することによって、自らの意思に基づき当該学校の規律に服することを承認することになる」と述べる。

32 大阪高等裁判所判決令和三年一〇月二八日(『判例時報』二五二四・二五二五合併号、三二八頁)。

33 熊本地方裁判所判決昭和六〇年一一月一三日(『判例時報』一一七四号、四八頁)。

この事案では、公立中学校の生徒が、服装規定の違憲・違法を主張し、損害賠償や校則違反を理由とした不利益処分をしないよう請求した。学校側は、原告からの申し入れを受け、原告に対する一切の処分をしていないと反論している。

34 東京高等裁判所判決平成元年七月一九日(『判例時報』一三三一号、六三頁)。

この訴訟は、生徒が学校を訴える典型的な校則訴訟とは異質なものである。原告は、公立中学に通う生徒Aの父親だ。原告は妻B(Aの母親)と離婚し、Bが親権を持ち、Aと同居していた。ＡとＢは制服着用に特に不満がなかったが、原告は制服代の負担を不満に思い学校を訴えた。

35 事業体として学校を見たとき、その立場は優越的地位を持つ寡占・独占企業に近い。これは、独占禁止法二条九項五号の優越的地位濫用の禁止類似の法理を組み立てる理由になろう。

36 入学前は選択の幅が広くても、入学後は簡単に抜けられないという児童・生徒の立場は、労働の場における労働者の立場に近い。これは、労働基準法類似の法理を組み立てる理由になる。

37 星野豊「「在学契約」と民法改正」『月刊高校教育』五〇巻九号、学事出版、二〇一七年は、「中途退学者に対して残余の期間のみの在学をもって卒業認定を行う学校がほとんどなく、かつ、圧倒的多数の生徒がほぼ同一の年齢層をもって卒業、進学していくことが半ば当然視されている現状」を前提にすると、契約に示された自主的・自律的な当事者の意思を強調するよりも、不法行為の成否や安全配慮義務違反の観点から客観的に判断した方が妥当な解決を導きやすい、という議論に説得力を認めている。

38 校内暴力は、暴行罪（刑法二〇八条）や傷害罪（刑法二〇四条）の規定に抵触する。いじめとして行われる被害者の学用品の損壊は器物損壊罪（刑法二六一条）、「こいつはバカだ」などと公然と侮辱するのは侮辱罪（刑法二三一条）にあたる。

39 従来、国公立学校の学校と児童・生徒の関係は「特別権力関係」の一種とみられる傾向があった。しかし、伊藤進「在学契約の特質」『ＮＢＬ』九四三号、商事法務、二〇一〇年、六三頁は、現在では、国公立学校を含め、在学関係は在学契約関係と理解する見解が支持されているとする。

40　この点は、大山直樹「校則における頭髪規制の再検討」『大正大学研究紀要』第一〇六輯、二〇二一年、三一一頁参照。

41　三ない校則裁判の事例では、原告は入学時に「誓約書」を学校に提出していた。

42　そして、そのような因果関係の立証は不可能だろう。内田良「個性尊重のために先生が闘った」河﨑仁志・斉藤ひでみ・内田良編著『校則改革』東洋館出版社、二〇二一年、二二七頁は、教育社会学の立場から、制服の自由化に際し「学校が荒れる」との懸念が示されても、実際には何も起きないという光景が「よくみられる」と指摘する。なお、同論文は、「教員が制服導入に反対した」事件の興味深い顚末を紹介している。

43　このような児童・生徒の立場は、独占禁止法の優越的地位濫用の禁止や、労働基準法における労働条件の法定といった交渉力の不均衡を前提とした立法の必要性を示唆している。立法論としては、教育指導の基準を定め、特定の髪型・服装などの児童・生徒への差別を禁じる立法の可能性も探るべきだ。

44　文部大臣官房文書課『自明治三十年至大正十二年　文部省例規類纂』帝國地方行政學會、一九二四年、九九二～九九三頁。

45　難波知子『近代日本学校制服図録』創元社、二〇一六年、第一～第四章参照。

46　以上の経緯の詳細は、難波知子『学校制服の文化史』創元社、二〇一二年に詳しい。同書は、女子学校の制服の変遷には、生徒自身の判断や行動が大きな役割を果たしてきたという。袴がまだ主流でなかったころ、生徒が自主的に袴を穿いて通学したり、学校に袴制服を求めたりした事例があった。セーラー服は、一九二〇年代以降の女学生に人気を博し、数タイプの標準服が用意された中で、大半がセーラー服を選択した学校もあったという。

47 小林哲夫『学校制服とは何か』朝日新聞出版、二〇二〇年、第二章参照。同書によれば、新制高校発足後、制服がなく、私服からスタートした学校もあったようだ。

例えば、都立日比谷高校では、一九五〇年代から女子が入学するようになる。この時点では、女子の制服はなかったが、私服の生徒がいる一方、高等女学校時代の制服を着てくる者がいるなどの様子を見て、学校が統一した制服を定める作業を進める。女子生徒自身が作った女子服装委員会では、ダブルのブレザーが提案されたが、学校は「大人の型すぎぬ型で」といった理由をつけて、シングルのブレザーを採用している。

48 難波『近代日本学校制服図録』一七頁。

49 難波『学校制服の文化史』八六頁。

50 難波『近代日本学校制服図録』一七頁。馬場まみ「戦後日本における学校制服の普及過程とその役割」『日本家政学会誌』六〇巻八号、二〇〇九年、七一八～七一九頁によれば、戦後の新制高校・新制中学の場合、進学率の低かった新制高校ではエリートの身分表示の意味は小さくなく、他方、新制中学の場合には保護者の経済負担の軽減や精神の規律が制服導入の理由とされることが多かったという。

51 難波『学校制服の文化史』五一頁。

52 難波『近代日本学校制服図録』六五～六六頁。

53 難波『学校制服の文化史』二七五頁。

54　小林『学校制服とは何か』一六～二〇頁。ただし、当時の院長は、教育内容の充実に力を入れており、制服人気で偏差値が上がったと言われるのをとても嫌っていたという。

55　小林『学校制服とは何か』二六一頁。

56　難波『学校制服の文化史』一二二頁。両校では、在校生が毎年新入生のために制服を縫って贈るのが慣わしとなり、裁縫の授業の素材にもされたという。

57　小林『学校制服とは何か』七三頁。なお、同校では、筆者が通学した一九九〇年代、「制服のズボン・スカートを履けば、シャツや上着、靴下などは何でもよい」といういささか中途半端な制服の運用が行われていた。

58　難波『学校制服の文化史』二一六頁。

59　小林『学校制服とは何か』二四〇～二四七頁。

60　内田良教授は、制服にしないと貧しい子どもがいじめられたり暴力を受けたりするという議論について、いじめはいじめ、暴力は暴力として問題とすべきで、服装の問題とすべきではないと指摘している（小林『学校制服とは何か』二五五頁）。

ただ、いじめ・暴力に至らないような友人間の同調圧力については、対応が難しいようにも思われる。気温が三〇度を超えても、長袖ワイシャツを着続ける、体育の時間にジャージを着て、マスクも外さない、といった現象を見ていると、児童・生徒の自主的な判断に委ねるのは心もとないようにも思う。児童・生徒の自主性を阻害する要因として、「学校・教員による指導（国家からの自由の問題）」とは別に、「友人による同調圧力（国家による自由の問題）」についても、検討するべきかもしれない。

61　トランスジェンダーの児童・生徒への配慮のため、スカート／パンツスタイルの選択制を導入するなどの対応をとる学校は増えている。ただし、有井晴香・須田紗穂「制服の選択と学校における多様な性への配慮をめぐる問題」『北海道教育大学紀要（教育科学編）』七二巻二号、二〇二二年は、性自認への配慮は、対象者が周囲に異質の存在と見られ、周囲の違和感や偏見を強化することがないように慎重に行うべきと指摘している。制服を自由化しておけば、宗教や性自認への配慮を「特別扱い」ではなく「それぞれの個性の尊重」という枠組みで行える。

62　小林『学校制服とは何か』二六六〜二七〇頁。

63　義務教育諸学校教科用図書検定基準（平成二九年八月一〇日文部科学省告示第一〇五号）第三章【各教科】社会科（「地図」を除く。）（6）参照。

64　学校教育法は、それぞれの学校について目的と教育目標を規定しており（例えば、小学校については二九、三〇条）、教育課程もそれに従って定めなくてはならない。

65　後述するように、教育法の分野では、現場教員の裁量を可能な限り拡大しようとする解釈が有力に主張されていた。このため、学習指導要領の法的拘束力についても、それを否定する見解もあった。

　しかし、伝習館高校事件判決（最高裁判所第一小法廷判決平成二年一月一八日（『最高裁判所民事判例集』四四巻一号、一頁））は、「特に教科書を用いることなく、歴史観及び時代区分について授業したが、その内容は、各種の時代区分論について話し、その中で唯物史観による時代区分についても話し、更に、唯物史観による時代区分論争の盛んなソヴィエト連邦、中国の成立以来の思想、政治、経済やいわゆる中ソ論争について話し、また、唯物史観上階級闘争がないとされている社会主義社会になお存する階級闘争の話に及んだ」、「中間考査において、『社会主義社会における階級闘争について述べよ。』、『次の二題（テーマ）のうち一題を選び論述せよ。A　スターリン思想とその批判、B　毛沢東思想とその批判』の各問題を出題し、考査の前にこれに応ずる授業を行った」といった学習指導要領を明白に逸脱する授業を行った県立高校の教員への懲戒処分を適法とし、要領の法的拘束力を認めた。

もっとも、実務では、現場の教員の裁量を全く否定するわけではなく、それに基づく地方ごとの特殊性や教員の創意工夫を生かした教育が期待されている（入澤充他編著『学校教育法実務総覧』エイデル研究所、二〇一六年、一八六頁参照）。

66　この規定は、法的拘束力のある検定教科書使用義務の規定と解されている（鈴木勲編著『逐条　学校教育法〔第八次改訂版〕』学陽書房、二〇一六年、三二三頁）。

67　アメリカやフランスにおける国民の教育権理論とは、親や教会が子どもを教育する権利を持ち、公立学校を含む国家がそれに介入してはならないという理論だった。ここでは、公立学校の現場の教員は、国民の教育権と対抗関係にある国家の側にいる。冒頭に引用した長谷部教授の指摘の通り、教員を国民の側に含めるのは特殊日本的な文脈を前提にしている。

68　また、第一章で紹介した Meyer v. State of Nebraska, 262U. S. 390（Feb, 23, 1923）のような論理からすれば、文部科学省が強制した教科書も、教員が強制した教科書も、国家による教育の強制という点で変わりはない。

69　最高裁判所第三小法廷判決平成五年三月一六日（『最高裁判所民事判例集』四七巻五号、三四八三頁）。

70　政府が「言論者としての政府」として活動するとき、専門職を介在する場合がある。この場合、専門職の職責を妨げてはならない。この点は、蟻川恒正「政府と言論」『ジュリスト』一二四四号、二〇〇三年で示された【第二場面】の分析を参照。

71　蟻川恒正「政府の言論の法理」駒村圭吾・鈴木秀美編著『表現の自由Ⅰ』尚学社、二〇一一年、四五〇〜四五一頁。

第四章

学校を「安全」な場所にするために

――給食、いじめ

一、給食と教育

（前略）責務規定の対象が国民であっても、国民を実際上拘束するものではないこと、つまり法律論としては細かな議論をする意味が無いことから行政法学者を始め実定法学者は、これまで、責務規定にあまり注意を払ってこなかったように思われる。しかし、基本法の対象の拡大は、立法権者が、国民の生活が幅広く、理屈の上では、それも家庭生活から精神生活にまで立ち入って、国民に対して義務を課することを認めることを意味し、それは一部現実化している。

——塩野宏《しおのひろし》「基本法について」

人にとって食事はとてもデリケートなテーマだ。苦手な食材もあれば、味付けの好みもある。たとえ好きなものでも、体調次第で食べられないこともある。アレルギーや宗教上の戒律などにも配慮が必要だ。給食には次のスケジュールが立て込んでいて、十分な時間がとりにくいという特殊性もある。

他方、食べ物を残さず食べることを美徳と考える人は少なくない。学校給食では、配《はい》膳《ぜん》された分を残したり、クラスの食缶に残りがあったりすることは、児童・生徒やクラスの不道徳・不名誉とされることも多く、「完食」に向けた指導が行われることもある。時にその指導は、強制の契機を帯びる。

しかし、食事のデリケートさを考えれば、担任が児童の口に無理やりスプーンを持って行ったり、大食いを期待される子どもが(「残飯はいけない」とのプレッシャーの中で)大量の給食を無理に食べたりするのはおかしい。給食を完食できない原因は、味付けが濃すぎる・薄すぎる・奇抜すぎる、多く作りすぎた、といった調理側の問題、あるいは、制限時間が短すぎるといった学校側の問題ということもある。

近年、完食指導には、厳しい批判が寄せられるようになってきており、改めて給食について考えてみたい。なお、給食にも様々な種類と定義があるが、本稿では、小学校・中学校において昼食として一斉に提供される食事を想定して議論を進める。

一―一　戦前の学校給食――救貧施策・差別解消

まず、学校給食の歴史を概観し、給食の意義を考えてみよう。日本の学校給食の起源として紹介されるのが、一八八九（明治二二）年の山形県鶴岡《つるおか》町の私立忠愛小学校の給食だ。

明治政府は、国民がみな小学校で学べる体制を目指し、第三次小学校令では無償の義務教育制が採用された。一九〇二（明治三五）年には小学校の就学率が男女平均で九〇%を上回り、国民皆学といってよい体制が実現した[1]。

当初は経済的に豊かな家庭の子どもだけが小学校に通ったが、国民皆学が実現すると、貧しい子どもも小学校に通うようになる。学校では昼食が必要だが、貧しい家庭の子どもは弁当を持参できないこともある。そこで、全国各地で、貧しい子どものために学校で食事を用意するようになった。忠愛小学校もその一つだ。同小学校は大督寺というお寺の中に貧困児童のために設置された学校で、弁当を持参できない貧しい子どものために寺の資金で給食を実施した[2]。

このように、給食の出発点は貧困層の支援のための①救貧施策としての給食という意味合いが強かった[3]。初期の給食は、弁当を持参できない貧困層の子どもだけを対象にすることも多かったが、その後、給食は、単に「飢えなければよい」というだけでなく、「栄養補給の重要な機会」と位置付けられ、その質も重視されるようになる。一九一九（大正八）年、東京府は栄養学者の佐伯《さいき》矩《ただす》の協力を受け、栄養素を多分に含んだパンの給食を始めた。[4] 一九三二（昭和七）年には、文部省訓令第一八号により、国庫補助による給食が実施されるようになった。

しかし、貧困層だけに特別に給食を出すことや、各自が持参する弁当の内容の格差が、強いスティグマ（社会の中で劣った存在だとの表示）付けになることが意識されるようになる。スティグマからの解放のために、全員給食の必要が説かれたりもした。[5] これは②差別解消施策としての給食と表現できる。

さらに、給食に教育機能を期待する動きもあった。一九四〇（昭和一五）年、文部省は訓令第一八号を更新し、「学校給食奨励規程」「学校給食の実施に関する件」が公布された。ここでは、給食において、食事の作法を身につけさせ、咀嚼《そしゃく》や偏食矯正の改善を実現すべきとされており、[6] 後に述べる④食知識教育としての給食の萌芽《ほうが》も見られる。

一―二　戦後の学校給食――経済政策・食知識教育・道徳教育

続いて、戦後の学校給食の流れを確認しよう。第二次世界大戦中は、食糧難から給食が廃止された学校も多かった。戦後も食糧難は続き、学校に通う子どもたちの栄養補給は全国各地で深刻な課題となっていた。終戦直後以来、アメリカから脱脂粉乳などが提供されたり、輸入されたりしている。

脱脂粉乳は栄養価が高いとされ、味覚・体質に合わないなどの不評を買いつつも、学校給食として普及した。脱脂粉乳の給食にはアメリカの余剰作物の措置[7]という側面もあり、これが日本の畜産業の成長の妨げだという議論もあった。また、一九五〇年代からは、日本がアメリカの余剰小麦の輸出先として注目され、小麦が多く輸入された。それに伴いパン食の給食が広まる。

一九七〇年代になると、パンが一般的だった学校給食に米飯が導入される。[8]米飯給食は、米農家にとっては大きな販路拡大である一方、学校給食は中小のパン屋の営業の柱であり、文部省はその調整に苦労したという。[9]この流れに現れるのが、③経済政策としての給食という側面だ。毎日、何百万食という量に上るのだから、そこでの食材選択は市場に大きな影響を与える。

法制度の面で重要なのは、一九五四（昭和二九）年の学校給食法だ。義務教育を行う諸学校には、給食実施の努力義務が課され（同法四条）[10]、それに伴い国庫による補助の仕組みも整備が進んだ。

学校給食法について注目すべきは、学校給食に教育としての側面があることを明示している点だ。学校給食の第一の目的は適切な栄養摂取・健康の保持増進にあるとされるが（同法二条一号）、食事についての正しい理解、健全な食生活・判断力、望ましい食習慣（同条二号）、社交性・協同の精神を養うこと（同条三号）、自然の恩恵への理解と自然の尊重（同条四号）、勤労（同条五号）、伝統的食文化（同条六号）、食料の生産・流通・消費の正しい理解（同条七号）が掲げられている。学校給食法の規定では、栄養摂取の手段に止まらない④食知識教育としての給食が強く打ち出されている。

さらに、二〇〇五年の食育基本法が、教育としての給食の流れを一層強化する。この法律は「二十一世紀における我が国の発展のためには、子どもたちが健全な心と身体を培い、未来や国際社会に向かって羽ばたくことができるようにするとともに、すべての国民が心身の健康を確保し、生涯にわたって生き生きと暮らすことができるようにすることが大切である」という壮大かついささか暑苦しい前文から始まり、「食育に関する施策を総合的かつ計画的に推進し、もって現在及び将来にわたる健康で文化的な国民の生活と豊かで活力ある社会の実現に寄与することを目的とする」と宣言する（同法一条）。

食育は「心身の健康の増進と豊かな人間形成」（同二条）のためであり、また「食生活が、自然の恩恵の上に成り立っており、また、食に関わる人々の様々な活動に支えられていることについて、感謝の念や理解が深まるよう配慮」し行われる（同三条）。もちろん、「伝統のある優れた食文化」も忘れてはならない（同七条）。国は食育の基本計画を定め（同九条）、教育関係者はそれに基づき食育を実践する責務を負う（同一一条）。この法律の「食育」の特徴は、食事に関する道徳的理念を広めようとするところにある。

食育基本法は、当然、学校にも大きな影響を与える。学習指導要領には、「食育の観点を踏まえた学校給食」が明記された[11]。食育は道徳教育の側面が強く、ここまでくると、食に関する知識の教育にとどまらない⑤道徳教育としての給食の実現が求められているといえよう。

一―三　食の自己決定権をどう守るか

このように、給食の歴史を簡単に概観するだけでも、給食には、①救貧施策、②差別解消施策、③経済政策、④食に関する知識の教育、⑤道徳教育と多様な性質があることが分かる。これだけ多くの性質があると、その法的評価は容易ではない。ただし、⑤道徳教育としての給食については注意が必要だという点は、強調しておく必要がある。

食育基本法には、「自然」、農家や調理師など「食に関わる人々」、「伝統」といった諸価値の尊重が明記されている。道徳的観点から見た時に、こうした諸価値を否定する人はあまりいないだろう。しかし、それが学校現場に取り入れられると、味が嫌いでも満腹でも、「自然や農家・調理師たちに感謝して、給食を完食すべき」、「いかに味覚に合わなくても伝統食を食べろ」といった発想を導きやすい。学校内においては、教員が児童・生徒に対して圧倒的な権力を有していることを考えれば、こうした発想が重大な問題を引き起こすのも当然だろう。

この点、完食の強要は、「安全かつ健康に食事を楽しむ」「基本的人権」の侵害だと指摘する研究[12]がある。この研究では、小学校の給食時、給食を残すことが許されず、教師に監視され、馬鹿にされながら完食を強要された結果、それがトラウマ体験となり、人前で食事ができないなどの深刻な症状が出た事例が紹介されている。

食事は、外部から自分の体内に食物を取り込むことであり、極めてデリケートな行為だ。食事に関する権利が基本的人権に含まれるという指摘には説得力がある。それにもかかわらず、憲法学の教科書・体系書は、例えば「食の自己決定権」といった項目を設けて検討したものは皆無で、憲法学説の食事の権利への関心は見られない。

その理由は、大人が食事の強制を体験することはほとんどないという点にあるように思われる。自由主義経済をとる日本では、何を食べるかは市場で自由に選べばよく、国家権力も食事の内容を強制しようとは考えていない。もちろん、貧困で食べたいものが食べられないという問題は生じるが、それは食事の強制とは異なる問題であり、生活保護などの社会保障を通じて解決すべき問題だ。このため、食の自己決定権は、訴訟になることもなく、憲法学の関心を引くこともなかった。

しかし、学校給食の場面では、昔も今も、完食の強制と評価せざるを得ない事態が生じている。食事の強制は、児童・生徒にとってトラウマ体験となり、成長してからも会食恐怖症などの深刻な症状を生む。[13] 仮に、そうした症状が出ないとしても、重大な人権侵害ととらえなくてはならない。この点で、現在の食育基本法には、完食指導への警戒や、食の自己決定権への配慮が極めて弱い。[14] この基本法は、広く国や教育関係者を義務付けており、[15] 広い影響をもたらすものである以上、見直す必要があるだろう。

冒頭に掲げた塩野教授の指摘のように、「基本法」と名の付く法律には、強制や罰則の規定が少なく、理念を掲げたり、行政機関の責任を設定したりするにとどめるものが多い。食育基本法もその一種だ。

しかし、第三章でも強調したように、学校は、法的に強制ではないとしても、児童・生徒に対し事実上の強制力を持つ。食育基本法が定めた理念やそれに基づく基本計画は、現実には、子どもたちに強い影響を与えうる。

もちろん、食育基本法等に強制力はなく、内容も抽象的だから、校長・担任・児童・生徒などそれぞれのレベルで方針を無視することも可能なはずだ。とはいえ、学校の現場を見る限り、完食強制への歯止めは極限定的だ。完食指導が社会的に非難され、不適切指導とみなされるのは、「スプーンで無理に口に押し込む」「休み時間を奪って給食を食べ続けさせる」といった身体的行為の抑制を伴う場合に限られることになるだろう。

真面目な教員・公務員は、基本法とそれに基づく計画を平然と無視したりはしない。学校は道徳的に正しいと思うことを推進し続け、学校の権威を利用して児童・生徒に同調を強いる。人は、正しいと思うことを遂行するときほど、相手への抑圧は苛烈《かれつ》になるものだ。教室では、「好き嫌いは悪いこと」「残すのは申し訳ない」といった空気が作り出される。そうした空気により児童・生徒の人格に対して攻撃することは、身体への攻撃に比べて害が小さいということはできない。

とすれば、少なくとも、食育基本法には、食に関する自己決定権の尊重が盛り込まれるべきではないだろうか。

二、いじめ問題の現状

（前略）コミュニケーション操作系のいじめ――たとえば、シカトやクスクス笑い――に対しては、警察は何もできません。そこで生活空間自体を変えて、コミュニケーション操作系のいじめを無意味化することを同時に行います。学級制度を廃止し、タコ足配線的にいろんなタイプの人と自由につきあえるようにする。自分をシカトしたりクスクス笑いをする人間とは距離を置くことができ、もっと楽しい人間関係を営める友だちと距離を縮められるようにする。

――**神保哲生《じんぼうてつお》・宮台真司《みやだいしんじ》他『教育をめぐる虚構と真実』（内藤朝雄発言）**

いじめ防止対策推進法の成立から一〇年以上が経過した。

いじめは、多数の人が集まる空間であれば、常に生じうる問題だ。それは、古典文学を読んでいても明らかだろう。もっとも、日本の学校現場でいじめ問題が真剣に意識されるようになったのは、一九八〇年代とされる。一九八五年には、福島県いわき市で暴力・恐喝を伴う苛烈ないじめの被害者（中学三年生）が自死した。[16] また、一九八六年には、東京都中野区のいわゆる葬式ごっこ事件[17]が起きた。

学校現場でも学術研究の世界でもいじめ問題への関心は高まっているものの、苛烈ないじめは後を絶たず、二〇一一年には、大津市での中学生の自死と学校・教育委員会の不適切な対応が重大な問題[18]となった。

この事件をきっかけに、二〇一二年、野田《のだ》佳彦《よしひこ》内閣の下、国会でもいじめ対策立法の準備が進められ、第二次安倍《あべ》晋三《しんぞう》内閣への政権交代を挟み、二〇一三年六月二一日に「いじめ防止対策推進法」として成立した。

今回は、その内容を整理し、気になる点を指摘したい。

二―一　二種類のいじめ

いじめ防止対策推進法の目的は、第一条に掲げられている。具体的には、「いじめを受けた児童等の教育を受ける権利」を守り、「心身の健全な成長及び人格の形成」を支え、「生命又は身体に重大な危険」が生じることを防止することで、「児童等の尊厳を保持する」ことが目的だ。

では、この法律が防止しようとする「いじめ」は、どう定義されるのだろうか。大きく分けると、いじめには①犯罪型と②コミュニケーション操作型とがある。[19] ①犯罪型のいじめとは、暴行・傷害、恐喝・強盗、脅迫、名誉棄損といった刑法犯に該当する行為だ。刑法犯である以上、重大な法益侵害であるという社会的な合意があり、その解決には、警察や司法が力を発揮しうる。他方、②コミュニケーション操作型とは、からかい言葉や奇妙なあだ名呼び、些細《ささい》な悪口など、被害者を傷つけるコミュニケーションを指す。こちらは、犯罪や不法行為にはならないことも多いが、殴られるより辛《つら》い経験になることもあろう。[20]

概念の上では①と②は切断できるが、実際のいじめの現場では両者が融合する事例も多い。また、①犯罪には明確な定義があるが、②については、被害者がどんなことに傷つくかは文脈や状況によるので、明確な類型を作るのは困難だ。例えば、同じ「呼び捨て」でも、全く問題にならない場合と加害行為になる場合とがあり、呼び捨ては一律にいじめとする／しないなどというルールは作れない。

そこで、いじめ防止対策推進法は、「児童等に対して、当該児童等が在籍する学校に在籍している等当該児童等と一定の人的関係にある他の児童等が行う心理的又は物理的な影響を与える行為（インターネットを通じて行われるものを含む。）であって、当該行為の対象となった児童等が心身の苦痛を感じているもの」（対策法二条）と非常に広い定義をした。同じ学校に在籍すれば「一定の人的関係」が必然的に生じ、人が何かをすれば周囲に「心理的又は物理的な影響を与える」から、同じ学校に通う児童等の行為から「心身の苦痛を感じてい」れば、それだけでいじめと認定できる。[21]

この定義を前提にすると、例えば、生徒Aが登校するだけで生徒Bが不愉快に感じる状況では、Aが登校するだけでBにいじめをしたことになる。また、お互い嫌いあっていれば、双方にいじめが成立する。いささか極端な感じもするが、ここまで広く定義しなければ、対処が必要ないじめを取りこぼしてしまうという深慮[22]に基づく。

いじめの定義が非常に広いため、当然のことながら、第二条の「いじめ」に該当するというだけでは、損害賠償や差止の対象にはならない。第四条が「児童等は、いじめを行ってはならない」と規定するのは、あくまで罰則のない訓示規定だ。

二―二　学校の対策方針

この法律の主な関心は、文部科学大臣・自治体・学校らに「いじめ防止基本方針」の策定を義務付け（対策法一一、一二、一三条）、学校におけるいじめの防止・早期発見のための対策を行うよう求めるところにある（対策法一五、一六条）。

学校は、いじめが起きてしまった段階では、次のような措置をとる。

第一に、①犯罪型のいじめについては、学校だけで対処せずに、適切に警察と連携すべきことが指摘されてきた。[23] 第二三条六項は、犯罪行為に対しては所轄警察署に適切に通報し、連携して対応すべきことを定めている。

第二に、犯罪に至らない②コミュニケーション操作型のいじめの場合も、いじめの相談や通報を受けた場合には、学校は「速やかに、当該児童等に係るいじめの事実の有無の確認を行うための措置」をとることを求められる（対策法二三条二項）。

いじめの事実が認定された場合は「いじめをやめさせ、及びその再発を防止するため、当該学校の複数の教職員によって、心理、福祉等に関する専門的な知識を有する者の協力を得つつ、いじめを受けた児童等又はその保護者に対する支援及びいじめを行った児童等に対する指導又はその保護者に対する助言を継続的に行う」とされる（対策法二三条三項）。

ここで重要なのは、担任だけに抱え込ませず、「複数の」教職員が関与すること、専門家の協力を得ること、指導は「継続的」に行うことだ。特にコミュニケーション操作型のいじめは、長期にわたる人間関係の調整が必要なため、対応の「継続」性は極めて重要だろう。

いじめが生じた場合には、学校には必要な支援や措置をとることが求められ（対策法二四条）、懲戒（学校教育法一一条）や出席停止（学校教育法三五条）の制度を適切に運用すべきとされる（対策法二五、二六条）。

さらに、いじめが自死など極めて深刻な結果をもたらすことから、「児童等の生命、心身又は財産に重大な被害が生じた疑い」または「児童等が相当の期間学校を欠席することを余儀なくされている疑い」がある場合には、いじめの「重大事態」と認定し、調査委員会を設置し、詳しい調査を行うことが求められる（対策法二八条）。

近年、いじめ事件をめぐる報道で「調査委員会」の報告書や定期的に行われるいじめアンケートが紹介されたりしているが、これらはいずれも対策法の成果だ。

関連して、統計を見てみよう。対策法制定後、文部科学省は毎年、いじめの状況の統計を出している。それによれば、いじめの認知件数は二〇一三年度の合計約二〇万件から右肩上がりに増え続け、二〇二〇年度に減少に転じるも、二〇二一年度は再び増え、年間約六一万件となっている。認知件数の増加は、必ずしもいじめの増加ではなく、学校がいじめの認知に努力した結果の可能性もある。また、二〇二一年度に認知された約六一万件のいじめのうち約四九万件（八〇・一％）は、対策などにより解消している。[24]

二―三　道徳教育から法教育へ

以上を踏まえて、いくつか指摘しておきたい。

第一に、対策法第一五条が、いじめ防止対策の中心を「道徳教育」・「体験活動」としている点には疑問がある。そこには、「相手が嫌がっているからこそ、いじめをする」「相手をいかようにでも扱えるという支配関係こそが本質だ」という視点が欠けている。

まず、①犯罪型のいじめ対策に重要なのは、何が犯罪なのかという刑事法に関する知識、刑事法がどのような法益を守ろうとしているのかという法の理念の教育、犯罪から身を守る技術や、犯罪を告発する場合に必要な方法[25]――警察への相談の仕方、金銭被害の記録、傷害時の診断書の確保法――だろう。これらの教育は、「道徳教育」ではなく、「法教育」だ。

次に、②コミュニケーション操作型のいじめは、本来は、人間関係の構築の自由によって解消すべきだ。一般に、自分の意思で離れられる相手であれば、クスクス笑いや悪口を言われても、深刻な事態にはならない。単に相手にしなければいいからだ。学校でコミュニケーション操作によるいじめが成立するのは、児童等がそこでの人間関係から逃れられず、支配が続くことによる。支配関係を終わらせるには、離脱の自由を確保することが不可欠だ。

学校現場では、しばしば「クラスみんなで仲良くすること」を善とする価値観が提示され、「道徳教育」でも重視される。しかし、「クラスメイトを無視したり、関係を断ったりすることは良くないこと」と教えれば、クラスメイトから逃れたいと思う児童等を追い詰めることになる。[26] 私たち一人ひとり、気の合わない人、話したくない人とは無理に関係を続けなくてよく、そのような人間関係構築の自由がある、ということをいじめ対策の中心に置くべきだろう。これも「道徳教育」ではなく、法的権利の教育だ。

また、人間関係構築の自由を中心に据えるなら、被害者が加害者から離れたいと申し出た場合、それを支援するメニューを強力にすべきだ。加害者との別室授業の措置（対策法二三条四項）だけでなく、加害者の被害者への接近禁止命令のような措置を設けることも考えられる。

いじめをしてはいけない理由は、内容の曖昧《あいまい》な道徳ではなく、法的権利に根拠づけられるべきだ。その上で、仲良くしたい相手と仲良くするには、相手の尊厳や気持ちに配慮することが大切だと道徳を説けばよい。

二―四　教員・保護者・ＰＴＡのいじめ

第二に、いじめの定義が広いといっても、対策法の定義は「児童等」が行う行為に限定されている。

苛烈ないじめでは、教員や保護者が加害者に加担することがある。例えば、保護者が自分の子を守るために、被害者について悪い評判を流したりする事例[27]もある。さらに、保護者の有志組織たるＰＴＡも、非会員・未加入者の子どもをＰＴＡが主催する学校施設を利用したイベントから排除したり、プレゼントの対象から外して、子どもを傷つけたりすることがある[28]（第一章―四参照）。

もちろん、対策法は、教員や保護者が児童等にいじめをさせない責務を負うと規定しているが、自らいじめに加担したり、ＰＴＡがいじめを行ったりする事例は強く意識されていない。学校内で活動する大人が、児童等に加害をした場合に対処する枠組みも作るべきだろう。

いじめ防止対策推進法は、一〇年の運用の中で、着実に成果を上げたといってよい。しかし、いじめの認知件数はいまだ膨大な数に上り、年間七〇〇件以上の重大事態も発生している。

いじめ研究者として名高い内藤朝雄は、離脱が難しい閉鎖空間の設定は、苛烈ないじめを生じる危険を内包するという[29]。閉鎖空間を維持したままでいじめを減らすには限界がある。だとすれば、いじめ対策は、「人間関係構築の自由をどうやって実現すべきか」という観点から考えていくべきだ。

本書で指摘した問題以外にも、専門家は様々な課題[30]を指摘している。まだまだやるべきことは多い。


【註】

1 文部科学省「学制百五十年史」第一章　近代教育制度の創始と整備
https://www.mext.go.jp/b_menu/hakusho/1420041_00011.htm（最終閲覧二〇二四年一一月二五日）

2 やまがたへの旅「大督寺　庄内藩主酒井家の墓所　そして、学校給食発祥の地」
https://yamagatakanko.com/attractions/detail_1738.html（最終閲覧二〇二四年一一月二五日）

3 今日においても、給食は、子どもの食のセーフティネットだ（鳫咲子「学校給食と子どもの貧困」阿部彩他編著『子どもの貧困と食格差』大月書店、二〇一八年、一一〇頁）。給食費は、全額公費負担ではないから、給食費未納の問題が生じる。未納の場合、給食の提供を止めたくなるところだが、未納家庭の子どもこそ、もっとも給食が必要な貧困層である場合もあろう。

4 藤原辰史『給食の歴史』岩波書店、二〇一八年、三六〜三七頁。

5 藤原『給食の歴史』四二頁。藤原教授によれば、子どもにスティグマを与えない工夫は給食史の普遍的現象だという。

6 藤原『給食の歴史』五六〜五七頁。

7 藤原『給食の歴史』一二一頁。

8 Trace「江戸時代から始まっていた⁉ 懐かしき学校給食」
https://bizportal.ntt-card.com/trace/sp/vol76/special/index.shtml(最終閲覧二〇二四年一一月二五日)

9 藤原『給食の歴史』二〇五〜二〇六頁。

10 二〇一八年度の文部科学省の調査によれば、小学校の九八・五%、中学校の八六・六%で完全給食が実施されるに至っている。

11 「小学校学習指導要領」(平成二九年文部科学省告示)一八四頁、「中学校学習指導要領」(平成二九年文部科学省告示)一六三頁。

12 高澤光・小林真「小学校における給食指導の問題点」『富山大学人間発達科学部紀要』一四巻一号、二〇一九年。

13 月刊給食指導研修資料(きゅうけん)は、不適切な完食指導が会食恐怖症の原因となるとして、よりよい給食指導の在り方を発信している。
https://kyushoku.kyo-shi.co.jp/hajimemasite(最終閲覧二〇二四年一一月二五日)

14 食育基本法を受け策定された「第四次食育推進基本計画」でも、完食指導の問題にはほぼ言及がない。他方、食品ロスについては、多くの字数を割いている。食品は、人類にとって貴重な資源であり、食品ロスを減らすことはもちろん極めて重要だろう。ただし、食品ロスは、決して、「食べる側が残すこと」だけで生じるものではない。同計画も、消費者だけでなく、事業者の取り組みも重視している（三三頁）。

15 食育の理念は、現場の担任教諭だけでなく、国や自治体の教育委員会、校長ら管理職などに広く責務を設定している。このため、現場の担任教諭は、完食指導を避けたくとも、「残飯が多い責任」をとらされるため、やむなく完食指導をしたり、自分で何人分もの給食を食べたりといった状況に追い込まれる危険もある。

16 福島地方裁判所判決平成二年一二月二六日（『判例タイムズ』七四六号、一一六頁）は、学校がいじめ解消措置をとらなかったことを違法とし、自死の予見が困難でも、重大な危害が生じる予見可能性はあったとして、いわき市に損害賠償を命じた。

17 グループの中で「パシリ」と扱われ、葬式ごっこという嫌がらせまで受けていた中学二年の男子生徒が自死した事件。葬式ごっこには担任も参加し、いじめを助長していた。東京高等裁判所判決平成六年五月二〇日（『判例時報』一四九五号、四二頁）は、自死の予見可能性は否定したが、苛烈ないじめを防止しなかったとして、東京都と中野区に対し一〇〇〇万円の慰謝料の支払いを命じた。

18 大津地方裁判所判決平成三一年二月一九日（『判例時報』二四七四号、七六頁）は、加害者に約三七五〇万円の賠償を命じたが、大阪高等裁判所判決令和二年二月二七日（『判例時報』二四七四号、五四頁）は、いじめと自死との因果関係を認めつつ、両親にも不適切な監護があったとして、賠償額を約四〇〇〇万円まで減額した。最高裁判所第一小法廷決定令和三年一月二一日は大阪高裁の判断を支持し、判決は確定した。

19 内藤朝雄『いじめの社会理論』柏書房、二〇〇一年、一三九頁は、いじめを①暴力系と②コミュニケーション操作系に分け、①については学校内治外法権を廃し司法の手に委ねること、②については学級制度を廃止することを対応策として提案する。

司法的対応の必要な犯罪は暴力だけに限られないので、本稿では①を少し広げ、犯罪型と定義している。

20 近年、SNSやチャットサービスを利用したネットいじめに注目が集まる。これは、新しいいじめ類型のように言われることもある。しかし、荻上チキ『いじめを生む教室』PHP研究所、二〇一八年、一八五頁は、コミュニケーション操作系のいじめの一種であり、得体の知れない新しいいじめと理解すべきではないとする。

21 加害者側の傷つける意図や過失は必要なく、例えば、相手を喜ばせる目的の行為であっても、いじめに該当する場合がある。その場合、学校は、「相手は嫌がっている」ということを加害者に丁寧に伝え、解決することが求められる。

22 立法者も、被害者目線で「できる限りいじめの範囲を広く取る」という考え方になっている（小西洋之『いじめ防止対策推進法の解説と具体策』WAVE出版、二〇一四年、三三頁）。

23 坂田仰編『補訂版　いじめ防止対策推進法　全条文と解説』学事出版、二〇一八年、八一頁（坂田仰執筆）参照。

24 文部科学省初等中等教育局「いじめの状況及び文部科学省の取組について」令和四年一一

月二四日。

25　細川潔他『弁護士によるネットいじめ対応マニュアル』エイデル研究所、二〇二一年、二章は、犯罪型を含むネットいじめについて、証拠保全がいかに重要かを指摘している。道徳教育よりも、司法の場で証拠力を持つ証拠保全技術の教育の方が、力を発揮する場面も多い。

26　いじめに関する道徳教育では、いじめられる側の気持ちを考えたり、離脱できない空間であることを前提に、その内部の公正さを考えたりする取り組みが重視される（坂田仰編『学校のいじめ対策と弁護士の実務』青林書院、二〇二二年、一七頁）。

　しかし、そもそも離脱できない空間で人間関係を強制されることは、重大な自由の侵害だということを、より真剣に受け止めるべきだろう。

27　葬式ごっこ事件では、裁判がお金目当てだろうとか、ＰＴＡ・地域住民による教員責任軽減の署名などが集まり、被害者の遺族を苦しめた（内藤朝雄『いじめの構造』講談社、二〇〇九年、二三〜二四頁）。

28　「一人一役、まんじゅうプロブレム……ＰＴＡってそもそも何」『朝日新聞デジタル』二〇一九年三月一八日配信記事。

29　有害閉鎖空間の概念については、内藤朝雄「いじめ・学校・全体主義、そして有害閉鎖空間設定責任」『月報　司法書士』五五九号、二〇一八年参照。

30　特に、いじめは担任教員の目がなくなる「休み時間の教室」で最も発生しやすいとし、そうした空白時間をサポートするために、学級に複数の教員を配置すべきとする荻上『いじめを生む教室』二一五頁の指摘が注目される。

補論

男女別学・男女別定員制と平等権

はじめに

公立高校入試において、性別による区別が話題になっている。東京近郊の三都県は、それぞれ興味深い状況にある。

埼玉県は、長らく公立の男子校・女子校・共学校を併設してきた。二〇二三年八月三〇日、埼玉県男女共同参画苦情処理委員会は、「共学化が早期に実現されるべき」と勧告した。[1] 一般に、性別に基づく区別を正当化するには、その区別をしようとする側が、「なぜ区別をする必要があるのか」、「それによって、どのような利益が得られるのか」を立証しなければならない。埼玉県男女共同参画苦情処理委員会が、別学を維持するだけの特別な理由はないと考え、共学化を求めたのは、当然と言えば当然だ。

それからほぼ一年の検討が行われ、二〇二四年八月二二日、埼玉県教育長は、「主体的に共学化を推進していく」と回答した。[2] 男女別学の維持を望む強い声がある一方、男女平等の形式論の強さにも抵抗しきれず、曖昧《あいまい》な決着となったように見える。今後の進展を見守りたい。

ところで、男女別学をやめるだけでは、入学者の男女比が半々になるとは限らない。神奈川県の公立高校は、入学者選抜で性別を考慮しない。その結果、学校ごとに男女比にかなりの偏りが生じている。[3] これを是正するには男女別に合格者人数の枠を作るしかないだろう。

ただ、男女別に定員を設けることは性別を理由とした区別だから、今度は、男女別定員制を維持・導入しようとする側に立証責任が課されることになる。男女半々のクラスによる教育には、いろいろ長所がありそうだ。しかし、男女別定員制とすると、同じ試験で、男性／女性なら合格できたのに不合格となった、という不平等は生じる。この不平等を正当化する事情を、法的立証責任をクリアできるほど明確な言葉にできるかと言われると、難しいかもしれない。このような事情もあり、東京都では長らく続いてきた公立高校の男女割合を概ね半々とする定員制が撤廃されることとなった。

この問題を考える上で、一つの参考になるのが、アメリカのアファーマティブアクション（以下、ＡＡ）をめぐる議論だ。ＡＡとは、歴史的な差別を是正する措置のことを言う。アメリカの大学入試では、歴史的に差別を受けてきた人種や性別に属する者について、特別の加点や入学枠を設ける仕組みが取られることが少なくない。これは、形式的な平等の理念と対立するため、その合憲性は長らく議論されてきた。二〇二三年には、ＡＡを違憲とする注目すべき判決が出た。判決に至る経緯と、判決の概要を紹介しよう。

一　「分離すれど平等」からＡＡへの展開

南北戦争後、黒人と白人に平等な権利を保障するために、アメリカ合衆国憲法に平等保護条項が加わった（憲法第一四修正という）。連邦最高裁判所は、一九五〇年代まで「分離すれど平等」の法理（同じ水準の施設やサービスが与えられていれば、学校や施設を人種別に分離しても合憲だという法理）に依拠し、黒人用学校と白人用学校を分離することを認めてきた。

しかし、最高裁は、初等・中等教育での人種分離が問題となった一九五四年のブラウン判決（Brown v. Board of Education, 347 U. S. 483）で判例を変更した。「人種分離は、たとえ学校施設等の有形要素が平等だとしても、分離された学校であることそれ自体によって、劣等の感覚を生じさせる」という論理によって、初等教育における人種分離を違憲と断じたのだ。

この時期には、雇用や教育などの分野で人種差別を禁じる一九六四年公民権法が成立し、ＡＡ[4]も始まった。ＡＡは差別是正を目的になされるものだが、是正の前提として人種による区別を伴う。そこでＡＡは、「平等を規定した憲法第一四修正や人種差別を禁じた公民権法に違反する」との批判を受けることになった。

連邦最高裁がＡＡについて判断を初めて示したのは、一九七八年、バッキ判決（Regents of Univ. of Cal. v. Bakke, 438 U. S. 265）だ。この判決では、カリフォルニア大学デービス校の医科大学院で実施されていた、人種ごとの定員を設ける人種割当制の合憲性が問われた。個々の裁判官の意見は分かれたものの、判決としては、「人種枠を作ることは違憲又は公民権法違反だが、人種を一つの考慮要素とすることは許される」との結論を示した。

バッキ判決により、多くの大学では、明確な人種枠を設けるのではなく、総合評価の中で人種要素を組み込むようになった。その後も、連邦最高裁は、ＡＡを全面的に違憲とする判決は出さず、人種を考慮要素とする入学者選別が継続した。

ＡＡについては、支持者も多い一方で、「逆差別」を理由とする批判も根強い。批判者は、マジョリティたる白人男性の権利侵害を理由とするのではなく、白人女性やアジア系などの黒人以外のマイノリティの権利侵害を訴えて社会にアピールする傾向がある。「公平入学のための生徒たち（Students for Fair Admissions, SFFA）」という保守系の非営利団体もその一つだ。ＳＦＦＡは、ＡＡへの攻撃を繰り返してきた白人のエドワード・ブルーム氏に率いられた団体で、「法の下の平等保護に対する個人の権利を含めた、法により保障された人権と市民権を守る」ことを目的として活動している。[5] ＳＦＦＡは、ハーバード大学およびノースカロライナ大学（ＵＮＣ）の入学プログラムを違憲又は違法と主張する訴訟を起こした。

二　アメリカの大学入学者選抜とＡＡ

判決では、アメリカの大学の入学者選抜の仕組みが詳しく認定された。興味深いので、少し紹介しよう。

ハーバード大学は、一六三六年に創設されたアメリカで最も歴史のある大学の一つだ。入学者選抜は熾烈《しれつ》で、例年、六〇〇〇〇名以上の志願者に対して、合格者は二〇〇〇名弱にすぎない。選抜プロセスは、以下のようになっている。

まず、すべての志願者は、第一次選考者（first reader）によって、①学業、②課外活動、③運動、④学校の支援（推薦状）、⑤人格、⑥総合（①〜⑤の総合評価）の六項目について、1〜6（1が最上）の点数がつけられる。⑥総合の1評価は、九〇％の合格機会を与えられるべき特別な志願者となる。第一次選考者は、⑥総合の採点で志願者の人種を考慮できる。これをもとに、地域ごとの委員会が全体委員会への推薦候補を決定する。

続いて、四〇人のメンバーからなる全体委員会で、地域ごとの委員会から推薦された候補者を中心に議論する。各候補について投票が行われ、委員会の過半数の票を得ると、仮合格が出る。この委員会の目的は、十分なマイノリティ入学者を確保することであり、委員会の最後には仮合格者の人種割合が提示される。最後の「剪定《せんてい》（lop）」と呼ばれるプロセスでは、仮合格者のうち剪定リストに加えられた者について、大学卒業生との家族関係（legacy status）・スポーツ推薦・財政支援適格・人種の四項目を審査する。ここで不合格になった者を除いて、最終合格者のリストが完成する。

ノースカロライナ大学は、アメリカ合衆国憲法成立直後に設立された、アメリカで最も古い公立大学だ。同大学も人気が高く、例年、四〇〇〇〇名を超える志願者に対して、合格者は四〇〇〇名強である。細かい点は異なるが、ハーバード大学と同様に、マイノリティ人種であることが有利に働く選抜をしていた。

三　二〇二三年判決

二〇二三年六月二九日の連邦最高裁判決（Students for Fair Admissions, Inc. v. President and Fellows of Harvard College, 600 U.S. 181）は、保守派の期待に応えるかのように、二つの大学の入学プログラムを違憲と判断した。違憲とした裁判官は共和党大統領によって指名された保守派の六名、反対意見を書いたのは民主党大統領に指名されたリベラル派（ハーバード大学については二名、ノースカロライナ大学は三名）で、保守・リベラルがくっきり分かれる判決となった。

その論理の概要は、以下のようなものだ。

まず、前提として、人種による区別の合憲性は極めて厳しい基準で判断される。この基準をAAにも適用すべきか否かが、長年、議論されてきたが、[6] 二〇二三年判決は、AAを特別扱いすべきではないとして、厳格審査基準を採用した。

次に、厳格審査基準の下では、区別の目的がやむにやまれぬほど重要で、区別がその目的達成のために必要不可欠であることが要求される。

AAの目的は、従来は歴史的な差別の解消とされたが、近年は学生集団の多様性の確保と説明されることが多い。今回の訴訟でも、ハーバード大学は、①公的・私的部門での将来のリーダーの育成、②多様性を増しつつある社会に適合する卒業生を輩出すること、③多様性を通じたより良い教育、④多様な見解が生み出す新しい知識の産出を目的として掲げた。また、UNCは、①様々な考えのたくましい交流の促進、②知見を広げ、洗練すること、③イノベーションと問題解決を育てること、④政治・社会に関心があり、創造的な市民とリーダーを育成すること、⑤人種間の評価、尊敬、共感を高め、ステレオタイプを排することを挙げた。

判決は、これらは立派な目的だが、厳格審査で要求される目的としては、十分に筋が通ったものとは言えないと判断した。特に問題視されたのが、目的の達成度を客観的に測定できない点だ。例えば、裁判所は、リーダーたちが十分に「育成」されたか、交流が「たくましい」か、「新しい知識」が産まれたかをどう判断するのだろうか。仮にそれらが測定可能だったとしても、裁判所が、どの時点でその目的達成の有無を判定するのか、について基準がない。さらに、人種に基づく選抜を止めたとしても、多様性や他の何かが皆無になることはなく、その程度に差異が生じるにすぎない。人種を考慮せずに選抜した場合に、どのくらいリーダーが減って、どのくらいハーバードの教育の質が下がるのかも測定しようがない。

また、多様性を目的としながら、それが不徹底である点も問題視された。両大学は、学生集団の多様性やマイノリティの代表不足を解消するためとして、アジア系・ネイティブハワイアン・太平洋島嶼《とうしょ》部出身者・ヒスパニック・白人・黒人・ネイティブアメリカンというカテゴリーを使用している。しかし、これらのカテゴリーは不正確であり、例えば、東アジア・南アジア・中東といったアジアの多様性に関心を寄せていない。

こうした批判に対し、大学は「私たちを信じてください」と反論した。確かに、連邦最高裁は、大学の学術的決定を相当程度に尊重する伝統を認めてきた。しかし、判決は、違憲な決定までは尊重できないとして、その主張を退けた。

四　日本への示唆

二〇二三年の判決は、日本の男女別学・別枠を考える上で、重要な示唆を持つ。

まず、性別だけを理由に入学を拒絶されること自体が、平等権の制約となる。そうだとすれば、別学の維持には、客観的に測定できる明確な目的が必要だろう。しかし、埼玉県の男女別学の議論を見ていると、別学の目的の理解自体が論者によって様々で、統一的な見解が存在しない。その上、目的とされるものは漠然としていて、いずれも達成度を客観的に測定しにくい。

アメリカ連邦最高裁は、以前から別学には厳しい視線を向けており、公立の女子大学設置[7]や軍の士官学校における男女別のコース設定[8]を平等保護条項違反としてきた。アメリカのＡＡは多様性確保が目的とされるので、埼玉県立の男子校・女子高のような特定属性の学生・生徒しか受け入れない公立学校は、ＡＡ擁護派からも批判されるだろう。

一方、東京都が過去に行っていたような男女半々の定員制は、生徒集団の多様性の確保という点から正当化される余地がある。二〇二三年判決は、大学の学生集団の多様性に大きな影響を及ぼす可能性がある。仮に、「ハーバード大学やＵＮＣが懸念したような教育の質の低下が生じた」と明確に証明されれば、学生集団の多様性の価値が見直される可能性もある。今後の展開を注視し、参照すべきだろう。

【註】

1 埼玉県男女共同参画苦情処理委員会令和五年八月三〇日勧告書第二号。

2 埼玉県教育委員会教育長令和六年八月二二日措置報告書。

3 進学校として有名な神奈川県立横浜翠嵐高校の生徒の男女比（令和五年度）は、男697：女361（66％：34％）、他方、筆者の母校である横浜緑ヶ丘高校は、男336：女492（41％：59％）となっている（神奈川県教育委員会『令和5年度神奈川県学校統計要覧』二〇二四年、三〇頁、第32表－1参照）。一般論として、男女の枠をなくすと、いわゆるトップ高では男子が多くなり、二番手高では女子が多くなる傾向がある。埼玉県でも、単に別学を止めただけでは、学校ごとに男女の不均衡は生じるだろう。大学になると、もっと極端な偏りも生じる。東京大学工学部の学生男女比（二〇二三年五月一日時点）は、男1883：女253（88％：12％）だ。

4 AAという言葉自体は一九三〇年代から存在したが、ケネディ大統領が発した大統領令一〇九二五が、黒人のための積極的差別是正措置をAAと呼んだため、以降、この用語が定着した。Anemona Hartocollis & Daniel Victor, What is affirmative action? What is the Equal Protection Clause?, *New York Times* June 29, 2023.

https://www.nytimes.com/2023/06/29/us/politics/affirmative-action-equal-protection-clause.html
（最終閲覧二〇二四年一一月二五日）

5 Mitchell F. Crusto, A Plea for Affirmative Action,136 *HARV. L. REV.* 206,223(2023).
近年、注目を集めた Fisher v. University of Texas, 570 U.S. 297 (2013, Fisher I)、Fisher v. University of Texas, 579 U.S. 365 (2016, Fisher II) は、テキサス大学オースティン校に入学できなかった女性を原告としている。この訴訟も、エドワード・ブルーム氏が主導した。

6 平等保護条項を個人主義的に解釈すれば、AAも厳しく審査される。一方、差別を受けるグループの保護のための条項と解釈すれば、必ずしもAAを厳格審査する必要はない。樋口陽一『国法学　人権原論〔補訂〕』有斐閣、二〇〇七年、一五八頁以下は、今日的な二項対立図式の一つとして「マイノリティ vs. 個人」を挙げる。

7 Mississippi University for Women v. Hogan, 458 U.S. 718 (1982).

8 United States v. Virginia, 518U.S.515(1996).

特別対談

「法的発想」で「子どものため」を見つめ直す

木村草太

本書で議論を重ねてきた「教育と憲法」の関係性から、
今まさに劇的な変化が進む教育現場に
どのような処方箋《しょほうせん》を差し出すことが出来るのか。
最後は、ブラック部活動、いじめ問題、
教師の長時間労働などの背景を研究し、
現場のリアルな声を発信してきた教育社会学者の
内田良《うちだりょう》さんをお招きし、じっくり議論します。

日本の教育論は ねじれを抱えている

内田良（以下、内田）　最初に押さえておきたいのですが、こんな本今までなかったですよね。「教育と憲法」というテーマを考えたとき、学習指導要領の拘束性や、義務教育の公費負担といった議論はあったと思うんです。ただ、それは政策や理念レベルの大きな話であって教育現場の日常を憲法で読み解くというコンセプトは聞いたことがないです。かつ様々なトピックを横串《よこぐし》的に論じていたのが、新鮮でした。

木村草太（以下、木村）　ありがとうございます。

内田　これは、私が「リスク研究」という言

内田良

名古屋大学大学院教育発達科学研究科・教授、放送大学・客員教授。消費者庁消費者安全調査委員会専門委員。福井県生まれ。名古屋大学大学院教育発達科学研究科博士課程を単位取得満期退学。博士（教育学）。愛知教育大学教育学部講師などを経て現職。教育現場における、スポーツ事故・校則・体罰・いじめ・教員の長時間労働といった「学校リスク」の事例を社会学的に研究している。著書に、『いじめ対応の限界』（東洋館出版社）、『教育現場を「臨床」する』（慶應義塾大学出版会）、『部活動の社会学』（岩波書店）、『教育という病』（光文社新書）など多数。

葉でやっていることに重なります。教育学の世界では、どうしてもシングル・イシューになりがちなんですね。いじめの専門家は主にいじめだけを論じて、せいぜい不登校の問題は視野に入れているかもしれないけど、子どものスポーツ活動における安全の問題をやっているかというと全然やっていなかったりする。教育活動上のいろいろな困難や問題を貫く視点が少ないんです。

自分にとってはその視点が「リスク」という考え方なのですが、木村さんにとっては憲法なのかもしれないと思いました。

木村　「学校現場はもっと法的に統制されなければならないんじゃないか」という問題意識は、それこそ中学生の頃からありました。大学で憲法を学んでいるうちに、「憲法と学校」は実は古典的なテーマであることを知ったのです。

憲法学には多様な対立軸がありますが、まず「個人」と、個人の自由や権利を制約する「国家」という対立軸が重要です。さらに、主体が子どもの場合には、自己決定が難しいため、「親」という軸も入ってきます。

かつて、教育はプライベートな領域でなされていました。親が属する階層や経済力に応じて、どのような教育を受けさせるかが決定されていたのです。貴族には貴族の教育、商人には商人の教育、漁師には漁師の教育があった。ここでは、親の「教育権」は「自然権」として理解されています。

ところが、近代以降、国民国家の担い手を作ることを目指して、「公教育」の必要性が明らかになります。当然、親の教育権と公教育の対立が生じます。教育は宗教と結びつくので、「親が属する宗教団体の教育」対「世俗的な公教育」という対立構造は深刻な問題となりました。特定の宗教組織が教育に対して大きな影響力を持っていたフランスやアメリカでは、この傾向は顕著でした。

他方、日本では、近代化に伴って明治政府が学校制度を整備したため、それと対抗する親の教育権はそもそもありませんでした。代わりに対立項となったのが「国民の教育権」です。戦後、保守政党が政権を独占したため、公教育のカリキュラムが保守的な内容になっていく。それに対抗するために、「国家ではなく国民が教育権を持っているはずだ」という論理が生まれるんですね。

興味深いのは、現場の教師は公務員ですから、当然、権力側のはずなのですが、日本の文脈だと国民側に位置づけられるんです。

内田　逆なんですね。

木村　そうなんです。アメリカでは、「宗教教育を受けさせたい親」対「公教育を説く教師」という図式になるはずです。

日本型の図式は、しばしば、学習指導要領等の運用という論点で表出します。現場の教師は、指導要領をどこまで逸脱して、あるいは検定教科書をどこまで無視して教えて良いのかという論点ですね。実際に、旭川学テ訴訟といわれる訴訟も起きています。

教師が国民の側に立つとすれば、それらは無視して、教師こそが教育内容を決めるべきだ、それが子どものための教育になるはずだ、という理屈になる。ここで親は後景に退いています。

教師の立場の「非対称性」

木村　ただ、憲法学者の奥平康弘などが指摘しているのですが、この構図はおかしいんじゃないかと。現場の教師は、やはり権力側なはずです。教師を国民の側に位置づけると、教師が行う人権侵害や人権制約が見えにくくなってしまう。これまでの図式を修正したうえで、教師と国家の役割分担を考えるべきではないか、それが本書の基調としてあります。

内田　すごくよく分かります。「子どもを戦場に送るな」という教師側のスローガンがありますよね。子どもは教師が守る、国に渡してはならない、と。このスローガンは戦後の日本社会にとって重要なものですが、一方でこれが前提とするのは、教師が善で国家が悪の構図です。その結果、学校は強い独自性をもち、それは外界からの閉鎖性や、特殊な内部ルールの確立につながっていきました。

木村　念のため補足すると、現場の教師が子どものために立ち上がる必要がある時もあって、悪いことばかりとは言えない。

例えば、アメリカの保守的な州では、保護者と州知事が一緒になって図書館からLGBT関係の書籍を排除したり、性教育を行った教師を追い出したりということが起きている。そういった状況では、現場の教師の存在は歯止めになりえます。

内田　教師側の権力性は、教育学の視点からは意外と見えにくいことがあります。

以前、校則問題を追いかけていた時、最初は自分自身、単純な人権問題だと思っていました。理不尽な校則があって、それを生徒会が頑張って動かして、自分たちでルールを作るようになった、と。美談として語られがちですが、よく考えると半年・一年かかって変わったのが靴下の色、一色だけだったりするわけです。靴下の色さえ容易に変えられない構造的な力が明らかに働いている。そのことが見落とされてしまっていると感じました。

教師は言うまでもなく、教室の絶大な権力者であるはずが、忘れられがちになるんですね。

木村　同じ構造は、教師と保護者の間にも当てはまります。モンスターペアレントという概念がありますが、これが問題含みなのは、「ハラスメント」か「正当なクレーム」かの認定権限が、教師側にあることです。正しい申し立てだったとしても、モンスターペアレントと言えてしまう。

他方で、モンスターペアレントに相当する教師を表す概念はあまり広がらない。ここには、保護者側からの不当要求は過大に受け取られる一方、教師側が正当な要求に対応しないことは過小に見積もられるという構図があると思います。

だから、学校にまつわる概念は、「教師には非常に大きな権限がある」という前提で組み立てないと、恐らくうまく機能しない。

内田　学校における教師と子どもの関係には、「非対称性」があるんですよね。

例えば、教師が何らかの教育実践に取り組んで、子どもがこう変わりましたと説明するとします。その際に「子どもの変化」を強調しがちです。実際には、見えないところで教師が相当な勉強や準備をして、子どもの変化につながっている。それにもかかわらず、教師が語る実践は、子どもたちがみずからの力で変わったように披露される。

というのも、教師はどうしても子どもを立てる傾向がある。子どもの頑張りを強調して、自分の関与を見えなくさせるんです。それは子どもの成長にとってはメリットが多い一方で、教師が権力者として物事を動かしていることが不可視化されます。教育現場を考えるうえでは、教師の関与というものを冷静に見える化して、評価しないといけません。

なぜ過重労働がなくならないのか

内田　「教師の存在が見えない」という問題は、角度を変えれば教師の長時間労働が語られてこなかった歴史でもあります。いま学校の働き方改革が喫緊の課題とされています。でも先生たちが口々に言うのが「働き方改革で、教師がラクしているとは思われたくない」というものです。

学校の長時間労働を考えたときに見えてくるのが、教師があまりに多くを引き受けてしまっている現状です。権限が強いということは、責任が集中していることを意味します。

例えば、プールの水栓を閉め忘れる事故がよくニュースになります。プールに行って水栓を開けたあと、職員室に戻ってあれこれと仕事をして、四、五時間してから栓を閉めにプールに戻る。ただ、仕事をしている間にそのことを忘れてしまって、水が何時間にもわたって流出してしまいます。施設管理業務までこなさなければならない上に、忘れると大きな損害になる。プール施設の管理は、はたして教師の業務なのでしょうか。

教師はあまりに幅広い業務をやり過ぎています。それが権限の集中であり、裏返せば責任の集中となって長時間労働を生み出す。結果として、教師が倒れてしまう。

木村　どうしてそんな状況になってしまったのでしょうか。本来、権限と責任はそれぞれの専門職に分散できるはずです。施設管理は、子どもへの教科指導とは異なる職分です。授業にしても、小学校で一人が全教科を教える必要はなく、それぞれに、専門分野があるはずです。やはり、教育予算の不足が、問題の背景にあるのでしょうか。

内田　おっしゃる通りです。ＯＥＣＤ加盟国の中でとりわけ教育予算が少ないことは長年指摘されてきました。

木村　予算が少ないのに、教育現場はとてもそうは見えないのは無賃労働が多いからだと言われますよね。

内田　本当にその通りです。公立校の教員は給特法（公立の義務教育諸学校等の教育職員の給与等に関する特別措置法）の規定により、長い時間残業していても、無賃労働の扱いになっています。未払いの残業代を合算すると年間一兆円近くになるとも言われています。

ただ、法制度の問題だけではありません。「教師はお金や時間に関係なく子どものために尽くすべき」という献身的教師、聖職者としての教師が理想視されてきました。逆に、授業だけするとか、残業代がきっちりほしいとか、定時には帰りますといった要望を出す教師は「サラリーマン教師」と揶揄《やゆ》されてきました。教師とは、子どもたちのすべてを担っている素晴らしい仕事なんだと、金儲《もう》けを考える者、授業だけ教えればいいという者には出来ないことだ、と。そういった考え方が根強かったんですね。

しかしやはり無理がある。一教師の「学級王国」ではなく、権限と責任を分散させることによって、もう少し柔軟に対応したり、保護者の要望を緩やかに受け入れたりといったことができるのではないか。小学校でもようやく、クラスや学年をまたいで担任がローテーションで交代する仕組みが、「学年担任制」「チーム担任制」という名のもとで始まっています。その方が、子どもにもさまざまな教師との接点が生まれて、メリットは大きいと思います。

双方向・探究型授業の「落とし穴」

木村　教師が多くを抱えすぎている、という意味で最近気になっているのが「双方向・探究型授業」です。自分で調べて、考えさせて、といった授業ですね。理念としては推奨されていますが、実は様々な危険性があると感じています。

これまで、自分でテーマを見つけて、調べて、発表する、という学習は、かなり段階を踏んだ後の高等教育、つまりは大学の卒論や修士課程でやっていたことなんですね。それが高校、中学校、さらには小学校にまで下りてきている。

そういった授業には、従来型の教科を教えるのとは全く質の異なる方法論が必要になる。これはレベルが高い、低いということではなくて、ノウハウが異なる教育技術だという意味です。限られた範囲の知識を効率的に教えるとか、正確に九九の計算を身に着けさせることと、問題設定をさせて「この問題だったらこういう論文があるよ」と指導するのとは、本質的に別の作業なんです。

例えば三人、修士課程の学生がいたら、上

げてくるテーマは全部違う。読んでいる論文も違うし、専門言語も全然違う。私は憲法の専門家なので、その分野の範囲では、何かしら指導できます。しかし、初等・中等教育での双方向・探究型授業の場合「テーマは何でもいいよ」となりがちです。そうすると、教える側に必要な知識が無限に増えていくんですね。

内田　「何でもあり」ですからね。

木村　経済も政治も、自然科学も知っている必要がある。でも、そんなスーパーマンみたいな教師はいない。教師側にも得手不得手があって、何を調べればいいか、子どもが調べたことが本当に正しいか、判断できないことが多々あるでしょう。

　そして、こちらの方が深刻なのですが、双方向・探究型授業って、優劣をつけて評価することが非常に難しいんです。大学のことを考えてみても、学生の評価が恣意《しい》的になる危険性が常にある。残念ながら、それがパワハラに転じてしまうこともあります。論文指導では、当然、ダメなものはダメと指摘しなければいけません。ただ、それが教授の好みで論文をけなしているという形にならないように、院生指導のための研修をうける必要があります。

　あるいは、奨学金を貰《もら》えるのは一人だけとか、次の助教のポストが一つだけとかいった場合には、指導している学生の優劣を付けなければならない。その場合、慎重に評価基準を立てます。評価を受けた本人が完全に納得できるかは分かりませんが、基準に基づいて説明を尽くせる状態にして、一人を選ぶことになる。大学にはそういう評価のノウハウが蓄積されていると言えます。

初等・中等教育で研修やノウハウ抜きに同じことを実践すれば、パワハラが起きうるでしょう。一人ひとりが納得できる判定基準を設定しなければ、子どもたちは傷つきます。その発想が抜けたまま、とにかく探究型の授業だけやらせようとして、現場で無茶が起きているんじゃないかという懸念があります。

内田　大学人ならではの観点ですね。教師自身は持っている知識を総動員して頑張って指導や評価をしようとするけど、実際には知っている範囲でしか子どもを評価することが出来ない。それが価値観の押し付けという意味でパワハラになってしまいうるし、現場ではそこまで徹底することすら難しいと思います。マニュアル通りに授業を進めて、何とかギリギリ回しているのではないか。

木村　現場の教師のキャパシティを超えた要求ですよね。本来は、双方向・探究型のプログラムを作る段階で、現場で現実的に実践できるようなメニューやノウハウを用意しておかなければいけない。

双方向型の授業って、本当に難しいんです。笑えない笑い話のようですが、私の経験を聞いてください。

法科大学院が出来た際、「これから講義は双方向型にしよう」という動きがありました。講義中に、受講生に質問をしながら進めていくんですね。「では、契約解除の要件を三つ言ってくれますか」とか。本来なら、黒板に三つの要件を書いて「覚えてくださいね」で済んだことですから、非常に効率が悪いんです。

特に、法科大学院は司法試験に向けて効率よく多くの知識を吸収したい学生が多いので、こういった双方向性が負担になってしまう。そこで私は、Q＆Aを配ってみたんです。質問と答えが両方載っていて、どちらも私が書いています。そのうえで「皆さん、今日はこの判例を読みます」と。「一つ目の質問です。この判例の訴訟形態は何ですか、〇〇君」と聞くと、「はい、先生。〇〇訴訟でこれは公法上の当事者訴訟です」とかペラペラ答える。「おー、素晴らしい」となる。もちろん、自分の言葉で答えてもらってもいいわけですが、大抵は配られた答えを読み上げるんですね。

内田　台本みたいですね。

木村　でも評判が良かったんです。なぜなら、講師が一から一〇まで説明していたことを、半分に分けてQ＆Aの掛け合いにしているだけなので、情報伝達として効率が落ちない。しかも、当てられたらすぐに答えないといけないから、受講生は必死にQ＆Aを読む。一見無意味なようでいて、案外、盛り上がるし、変化が生まれる。

双方向型授業ってゼロから自由に考えさせないといけないみたいな固定観念がありますが、これは相当ハードルが高い。Q＆Aを読み上げるだけでも、意外と双方向になるよ、と。

内田　その発想は面白いです。自由度が高くないといけないという幻想がありますよね。

でも、授業である限りは何らかの原理原則・型がないと成立しない。私たちが書く論文だって、型破りな展開で書いてしまったら誰も読まないわけです。大事な点ですね。

木村 双方向・探究型授業には、これまで初等・中等教育で蓄積されてこなかったノウハウが必要なのですが、それは大学院ですでに蓄積がなされている。その意味では、大学教員が受けるパワハラ研修、アカハラ研修は、小中学校の教師にとっても有益かもしれません。ただ、教員の負担は、さらに増えますね。

「広すぎる」授業が裁量の低下をもたらす

木村 もう一つ気になっているのは、「授業スタンダード」の導入です。授業方法から挨拶などの生活指導まで、「こういう方法でやりなさい」というスタンダードが下りてきて、教師の裁量が低下する。裁量性が広い双方向・探究型授業を行おうとするがゆえに、ノウハウが求められて、結果的にスタンダードが導入されるという事態になっています。

ただ、教育法学でも憲法学でも、現場の教師の裁量は非常に重要だと言われているんです。裁判官は子ども一人ひとりの顔は知らないし、どんな子なのかも分からない。他方で現場の教師は、その教室の専門家として、時間をかけて子どもたちへの理解を積み重ねている。その専門家としての判断を裁判官や法律家は尊重する必要があるし、裁判所にとっても、授業の方法が裁量を逸脱しているかどうか、違法性を認定することには非常に慎重になる。

ところが、授業スタンダードが設定されると、「この子はもう少しゆっくり喋《しゃべ》ってあげた方がいいな」とか「この子たちは、この知識がないから、それを定着させてから次のプロセスに入ろう」といった判断が許されなくなってしまう。「メガホン」というウェブメディアが実施した教職員向けアンケートを目にしたのですが、それを見ると、現場の教員は、スタンダードに関して、メリットよりもデメリットを強く感じているようです。唯一のメリットと言えば、保護者に説明が出来ることぐらいだと。（メガホン「【教職員アンケート結果】学校や自治体で授業のやり方を統一する「授業スタンダード」。どう思う？」）

内田　授業スタンダードのメリットはその一点なんですよね。「管理しています」という証拠として説明責任を果たせる。

例えば、鉛筆が一本なくなったと低学年の子どもが言い出すことがあります。こういう時のために、持ってくる鉛筆は五本と決めて、毎朝本数を確認しておく。すると、日中に一本消えたのだから学校で落としたと言える。

こうした明確な説明がつきやすいと、何かトラブルが起きた時の説明もしやすいんです。「ちゃんと指導しています」という証拠になる。そのため、嫌がる教師がいる一方で、コミットしてしまっている教師も多い。

すべてを偏差値化する「全人格的評価」

木村　探究型・双方向型授業の問題点と重な

るのが、全人格的評価です。

内田　かつてテストの点数だけで評価していたのをやめて、観点別評価に変えていきましょうという仕組みですね。子どもの力はテストだけで測定しちゃいけないだろうと。具体的には、関心、意欲、態度が重視されるようになりました。この子は授業中、こんなに元気よく発表しているじゃないか、それを評価に組み込んで評価の枠を広げましょうという趣旨です。

この仕組みはおっしゃる通り問題があって、要するに教師の権限が広がって、子どものあらゆる側面を評価できるようになってしまうんです。態度が悪い子どもを指導する、あるいは指導しなくとも、子どもは教師の顔色をうかがいながら学校生活を過ごすようになる。

木村　じゃあ、どんな子どもが高いスコアを取れるかというと、実はテストが得意な子どもなんです。評価軸ごとにノウハウを磨いて、それを満たすように振る舞うには、テスト対策と同じ能力が必要ですから。もともと目指していたものとは、乖離していく。

内田　例えば苦手な教科は終わった後に質問しに行くことで意欲をアピールして、みたいなテクニックが生まれます。それでスコアを上げて、推薦入試を狙うと。

木村　私の子ども時代には、「体育」が「5」の子どもはクラスのスポーツのヒーローだったわけですが、今「体育」が「5」の子どもは違います。技能が出来るだけでは「4」までしか取れなくて、その後の振り返りで、「目標は◇◇だった」「〇〇の点ができなかった」「今後は、それを改善するために、△△に取り組みたい」みたいなことを表現できないといけない。これはやはりずれていると思うんです。人格の評価は、技能の評価とは別で考えないといけない。

内田　テストの点数だけで評価すると言うと冷たく聞こえますが、裏返すと「それ以外は自由でいいよ」という話じゃないですか。最低限の知識はテストで評価させてもらうから、他は好きにしていいよ、と。この方が子どもにとっても良かったんじゃないかという感覚があります。

テストの点数は悪くても意欲がある子どもに対しては、例えば教師が休み時間に声をかければいいわけですよね。「この前の発表、良かったよ」とか。声をかけて褒めてあげれば、すごく自信が付くし、前向きに生きていけるはずなんです。「テストはダメだったけど、先生に褒められたもん」と思える。それを数字化しようとするからおかしなことになる。「全人格的にあなたは『1』です」とか……。

木村　たまったものではないですよね。

『虎に翼』というドラマに道男《みちお》くんというキャラクターが出てきます。戦災孤児が生活のために犯罪を犯してしまったのだけれど、更生していくという設定なのですが、寿司《すし》職人になって料理の技術は上がっても、接客と経理は出来るようにならない。普通のドラマだったら、彼は努力を積み重ねて成長するところでしょうが、『虎に翼』では無理なものは無理。すると、「じゃあ私が手伝うわ」って他のキャラクターが出てくる。得手不得手があって、個性を補い合いながら社会で生きている。人間って、そういうものであるはずなんです。

それなのに全人格的評価は、「技能も人格も全部優れていて初めて高く評価されます」という仕組みになっていて、逃げ場がない。教育は技能を身に着けることが目的であって、プロセスは自由でいいという発想に立ち返る必要があります。

内田　こういう主張をすると、「テスト至上主義」というレッテルを貼られてしまいます。

木村　「テスト至上主義」という批判は、多くの場合、批判対象がずれているんです。昔、大学入試共通テスト改革で「一点刻み」の入試から抜け出す、という主張があったのですが、合格者の定員が決まっている以上、合否を分ける最後の線引きが一点差になるのは必然です。「一点刻み」をやめたいなら定員を無くすしかない。

内田　テストや偏差値が悪者扱いされてきた歴史には、確かにそれなりの理由がある。では今が良くなっているかというと、そうは思えない。現状は、偏差値がなくなったわけではなくて、すべてが偏差値になっているだけなんですよね。

木村　そうなんです。教師側の負担も増えることになります。これまでは期末試験をやって採点すればよかったことが、毎日出欠を取って、手を上げた回数とかを記録しなければいけない。誰も幸福じゃないんです。

テストは「法の支配の極致」

木村　さらには、全人格的評価にも、やはり恣意的な評価の問題が付きまといます。例えば運動会のダンスの練習中に、教師が「今のは全然ダメ、三〇点だ！」とか怒鳴りつけたりできるのは、明確な評価基準が無いからでしょう。

漢字の書き取りであれば、どれだけ不格好でも字の形が合っていたらマルが付く。逆に、漢字が間違っていたら、×でも納得がいきます。ところが、運動会のダンスは、善し悪しの基準が余りにも曖昧《あいまい》ですから、パワハラ的な評価が入り込む余地がある。

評価基準が明確かどうかということは、今回の対談の中でも重要な点です。明確であるほど一見息苦しいようですが、説明責任を果たしやすいので、納得しやすいんです。ハラスメントも起きにくい。

内田　校則もそうですよね。明文化されていない不明瞭な規則が山ほどあったりする。「生徒心得」にも載ってなくて、「三年前に職員会議で決まったんだ」と。「どこに書いてあるんですか」と聞くと「いや、書いてない」みたいな。

木村　これは法学的には普遍的な話なんですね。前近代の法は成文化されておらず、権力者しか知りませんでした。例えば、江戸時代の刑法の内容は、奉行は知っていても一般庶民は知らない。古代ローマの「十二表法」が画期的なのは、法律の内容を市民に公開したことなんです。

内田　面白いですね。

木村　法律って、権力者側だけが知っている状況でも機能するんです。捕まる側は知らなくても、捕まえる側は何が犯罪か分かっているから「お前、今犯罪をしただろ」と言うことが出来る。それだと納得がいかないから、まずは全員にとって法律の内容を明確にすることから始めましょう、と。ルールが明確になっており、かつ公開されている。その状況で初めて公平性と納得感のある法の支配が成り立つんですね。法律の「公布」という仕組みも、こういった理念に基づいて工夫されたものですし、現在は法を作るプロセスも公開しましょうということで、国会答弁や議事録の公開といった制度が整えられてきた。

これが法学入門で習う、最初の法の歴史なんです。その歴史を知っていると、今まで見てきた探究型授業や全人格的評価の陥穽《かんせい》が分かる。もしも学校のルールを明文化したなら、それだけでルールの馬鹿馬鹿しさが分かるでしょう。「五回手を上げたら一点」、「退屈な授業で、ボーッとしているのはセーフで、勝手にドリルを進めるのはダメ」とか。

法的発想には、人を公平に扱うためのノウハウが詰まっている。テストというものは、実はこうした発想の極致なんです。解答があって、答え合わせをする以上、性質的に明文化されざるを得ない。一種の法の支配ですね。教育現場は、テストを通じて無意識のうちに歴史上その要請を満たしてきた。

内田　テストが「法の支配の極致」というの

は面白いです。

木村　そうした特徴が、全人格的評価で失われてしまっているのは問題だと思います。

念のため補足しておくと、テストをどうやるかという方法の部分には課題があると思います。公平なように見えて、受験者の能力とは別に、有利不利が生じうる。

いわゆる高偏差値大学で男女比が偏っていることは、長く言われてきました。未だに京都大学、東京工業大学や東京大学の工学部は、男女比が九対一くらいになる。法学部も八対二とかです。

内田　法学部でも二割しかいないんですか？

木村　そうなんです。なぜこうなるかというと、私は、テスト一発勝負が、統計的にマスで見たときには女性に不利に働いていると思います。

無論、東京大学の首席が女性であることなんて珍しくありませんが、マスで見ると、男子は両極が多い。偏差値七〇以上と三〇以下が多い傾向にある。女子は別の山になるので、例えば、偏差値六〇以上というくくりだと女子の方が多くなる。結果として、偏差値七五以上みたいな、極端なくくりにおいては男子が多くなってしまう。

他の評価方法と比べた際にテスト一発勝負が公平であるからといって、それが必ず公平なやり方になっているわけではない、という点は付け加えておきたいですね。

内田　公平性を担保するために、やり方の改善がまだ必要だということですよね。

木村　そう思います。入学試験は学内で神聖視される部分があるので、改革のハードルは非常に高いですし、男女に分けて能力を論じること自体に怒る人もいるのですが、私が問題にしたいのは個々の女性の能力ではなくて、マスで見たときに、どうしても男性に有利なやり方と、女性に有利なやり方があるということ。バランスを考えて試験を作る必要があるんです。その前提を抜きにして制度を作ると、かえって女性に不利な制度になってしまうことがある。

内田　この点は、エビデンスを重ねていく必要がありますよね。男女別の偏差値、合格者、不合格者の偏差値を調べたりとか。「テストは公平」だと、みんな思い込んでしまっているように感じます。

木村　これに対して海外名門大学は男女半々になっている、という反論が出ることがあります。事実としてはそうなのですが、例えばハーバード大学はテスト一発勝負の入試ではありません。学力面や課外活動面など六項目について、応募書類を見ながらそれぞれ五段階で評価する。まさに全人格的評価なんです。入試のやり方が全く異なるということには気を付けたい。

「いじめは犯罪」ではない？

木村　「いじめ防止対策推進法」が出来て一〇年が経ちました。どういう成果が上がってきたのかを検証していい段階に来ています。

内田　基本的な質問をしていいですか。いじめ防止対策推進法は被害者に寄り添う形で

「いじめ」を定義しています。被害者がいじめだと感じたことが、その時点でいじめとして成立する。例えば加害者とされる人が学校に登校すること自体、いじめだと言われればいじめになるわけです。この定義についてはどう思われますか。

木村　まずはいじめの「認知」を重視しようということで、この定義自体は妥当だと思っています。本人が嫌だと声を上げる以上、そこに対応しなきゃいけない問題があるはずです。

そのうえで、法律を使う被害者や加害者を含めた現場の理解が必要になってくる。日常的な語感だと、いじめの加害者とされるのは一生のスティグマであり、かなりの重みがあります。他方、法律上のいじめは、学校や教育委員会が対応しやすいように広い定義になっていて、「要配慮事態」くらいのレベルなんです。それとは別に「重大事態」というレベルが設定されていて、さらに犯罪・不法行為という区分がある。こういった法律の構造は理解しておく必要がある。

内田　そうですよね。善悪とは別に、大人に注意を向けさせて対応するための定義になっている。そのあとで、例えば加害者の側が「実は自分がいじめられていて……」と話し出したら対応していこうと。そういった趣旨を多くの人が理解していない気がします。

木村　法律用語を作る際には、正確な定義を知らなくても意味を理解できるような言葉にしないと、現場でハレーションを起こしてしまうことはありますね。

その点では、「いじめ」という概念は歴史的に解釈がずれてきたと思うんです。本来犯罪として対処しなければいけなかった事柄を、学校ではかなりの部分放置してきた。強盗をカツアゲと表現したり……。

内田　暴行を体罰と言ったりしますね。

木村　そうなんです。犯罪として警察が対応すべきものまで、学校内で対処してきた結果、いじめが犯罪と限りなく近いニュアンスを持つようになってしまった。法律上は明確になされている両者の線引きが、日常的な語感では曖昧になっている。

内田　なぜこのずれが生じてきたのかを考えると、「子どもの問題は教師が引き受けるべきであって、警察に引き渡してはいけない」という発想が根強いんです。子どもを教師の手から放すと、指導力不足と見なされてしまう。結果的に、教師からの暴力も生徒の暴力も抱え込んでしまうんですね。そうではなくて、外側からどういったケアや対応が出来るのかということは、もっと議論が必要だと思います。教師が丸抱えするのではなく、ケアは専門家が対応して、教師は日常のクラスを回すことに集中すべきです。

木村　「犯罪は犯罪です」と言うべきですね。同時に、犯罪に至らないいじめも対応しなきゃいけません、と。

「ゼロ・トレランス」——社会の一部としての学校

木村　冒頭で少し触れましたが、本書を書いた出発点として、「学校の現場は、法的に統制されていなければならないのではないか。それが憲法の要請だろう」という問題意識があります。一言で言えば、内田さんが別の記事で取り上げられていた「ゼロ・トレランス」です。

内田 『校則なくした中学校』（小学館）という本で話題になった東京都世田谷区立桜丘中学校の事例ですね。この学校は、髪型も服装も自由で授業中に寝ていても叱られない。基本的には「ゆるゆる」な学校なのですが、生徒の持ち物がなくなったり、窓ガラスを割ってしまったりという出来事については、「窃盗」や「器物損壊」の可能性を考えて警察を呼ぶ。ある意味で、非常に「厳しい」対応をするんです。学校は社会の一部であるとして、対応を学内で抱え込むことがない。

木村 私も実は、校則は刑法で代替できるのではないかと昔から考えています。やってはいけないことは、社会でも学校でも変わらない。物を壊したら器物損壊で、人を傷つけたら傷害です。それへの対応は、学校が勝手に設定するルールではなくて、社会のルールを適用していけば良い。それによって、憲法の平等原則、法治国家の原理が実現するはずなんです。

「ゼロ・トレランス」と言わずとも、学校を法律がきちんと守られる空間にする、それが出発点にならないといけないのではないか。その前提として憲法が学校にどういったルールを課しているのかを整理してみようと思いました。

法的に説明が要求されれば、学校がやるこ

と一つひとつに体系だった論理的な説明が必要になります。例えば、「制服は廃止すべきか」について法的に答えを出そうと思ったら、「なぜ制服着用が求められるのか」を自覚的に説明しなければいけなくなる。もしも説明できなければ、ルールを見直す必要がある。

「中立的な事実解明」と「被害者ケア」の距離

木村　いじめ防止対策推進法について私が課題の一つだと思っているのは、重大事態において設置される第三者委員会の仕事が、被害者の求めるものとミスマッチを起こしているという点です。

内田　また一つ訊《き》いてみてもいいですか。教育委員会の方で第三者委員会を作ったものの、被害者が納得しないまま潰《つぶ》れてしまって、次は首長部局で作ることになる、というのはたびたびあるわけですが、逆に教育委員会や学校から第三者委員会の報告書に「ノー」が出て作り直す、というケースは……。

木村　聞いたことが無いですね。

内田　そうですよね。中立的な立場で作られた報告書はたびたび被害者側に拒絶されて、逆に被害者側の証言を思い切り取り込んで報告書を作ると穏当に解決したりすることが、実際には起きている。

つまり、本来の第三者委員会の理念とは全く違う次元で現実の問題処理が行われている気がしてならないんですね。裁判の仕組みとは全然違うなと。このあたり、木村さんはどう評価されますか。

木村　第三者委員会の仕事は、法律的に見ると事実の解明です。事実として何があったかをみんなで共有しましょうということであり、学校あるいは被害者に寄り添うという話ではない。それは、客観的な事実認定が重要だからこそ作られた制度なのですが、実際の現場では、やはり被害者のケアが必要なんです。そうだとすれば、そのための全く別の役職を設ける必要がある。

内田　全く同感。とても重要なご意見です。

木村　ところがそうした役職が無いので、第三者委員会が被害者のケアを肩代わりせざるを得なくなるんですね。法律の建付けと現場の要求がミスマッチを起こしている。現場の客観的な事実認定は、被害者が求めていることとは限らないわけです。「亡くなった子どもがこういうことを書き残している。だから、この先生が本当にこうだったのかをちゃんと調べてほしい」という希望がある一方で、出来事全体の流れを見たときには、「事実認定の関係でその点は重要ではないだろう」という判断がなされうる。

内田　第三者委員会の仕事は事実の解明のはずなんです。調査の結果として、被害者に有利な結論が出たり、学校に有利な結論が出たりすることはある。ただ、どのような形であれやはり中立的に関わる立場は必要だと思います。というのも、子どもの苦しみがどこで生まれるかは、分からないわけです。学校で起きたことを学校で相談できずに、親が初めて気が付くことがある一方で、家庭で苦しむことがあるかもしれない。それを学校が見つけて助けられる場合もある。家庭側でも学校側でもない、冷静に子どもの利益だけを考えられる組織を、置いておかなくてはいけない。

一方で、当事者である遺族や被害家族のケアには、また別の専門家が取り組むことが求められる。二つの立場がごっちゃになった結果、変な事態になっているんですよね。

木村　被害者を守るために必要なことを考える上で、私が注目しているのは、家庭や学校はいずれも閉鎖空間であり、人間関係が濃密であるという点です。DV対策の在り方は、いじめ対策にも示唆をあたえるはずです。

DV対策の国際比較をしてみると、興味深い点があります。まず、日本のDV対策は被害者が「逃げる」のを支援する。一方、海外では「逃がす」のではなくて、加害者を「追い出す」または「罰する」のだと言われます。一見、海外の対応が進んでいるように見えるのですが、実際のDV被害の数では日本がはるかに少ないんです。

DV殺人の被害者は日本で年間約八〇件、うち半数が未遂です。女性が被害を受けたケースが五〇件ほどを占めます。それに対して、人口が日本の半分であるフランスでは年間一〇〇件を超える。アメリカは、銃保持が合法ということもあり、年間一〇〇〇件超と突出しています。

結局のところ、「追い出す」はDV対策として機能しないんです。加害者を追い出しても、加害者は被害者に付きまとうことができます。いくら裁判所が「接近禁止」と言ったところで、二四時間三六五日警護するなんてことはできませんから、加害者からの接触を排除することは困難です。他方、「罰する」という対策になると、今度は、「犯罪」と言えるだけの加害を認定するハードルがすごい上がってしまう。「明確に事実が認定出来て、犯罪に相当するとされたものだけがＤＶ」ということになると、相当数のトラブルは放免になってしまう。

結局、「本人が嫌であれば逃げていい」とした方がはるかに有効に機能するんです。同じことをいじめ対応について考えると、「いじめは犯罪だから罰しましょう」、「加害者を転校させましょう」、という「加害者罰し型」は対応のハードルが非常に高く、かなりの件数が見逃されることになってしまうのではないかと思います。被害者が「逃げたい」と思ったときに、それにまつわるコストを下げる支援をした方が良いでしょう。そういった権利は、いじめ防止対策推進法にさらに盛り込まれるべきだと思っています。

内田　この場合、加害者に専門的なケアを施すかどうかは、どのように考えればよいでしょうか。

木村　ケアは罰とは異なりますから、学校側が必要だと判断すれば提供するのが良いと思います。ただ、拒否された場合には、それを強制できないので、あくまでも粘り強く説得するしかない。他方で、加害の内容が明確に認定できて、罰しても仕方がないレベルなのであれば、強制的な矯正教育もあり得るでしょう。

加害者の状況に左右される加害者への対応

に注力するよりは、被害者側が関係性を調整できるようにした方が、被害者のためには効果的だと思います。場合によっては、クラスに加害者とされる子しか残らない、ということもあり得るでしょう。

教師・保護者によるいじめが死角になっている

木村　最後に強調しておきたいのですが、いじめが苛烈《かれつ》になってしまう時、かなりの割合で教師が助長してしまっているんです。傍観者だった子どもたちも、教師が関わっていると加担せざるを得なくなる。あるいは、保護者が関わっている場合もあるんです。ＰＴＡの問題でもよく聞くのですが、親がＰＴＡに入らなかった時に、その子どもをイベントに呼ばなかったり、プレゼントを配らなかったりといったことが、今も起きています。子どもに疎外感を与える形で嫌がらせをする。

この問題を聞いたときに、「いじめとして対応すべきだ」と思って条文を見てみたんですが、教師や保護者によるいじめの加担は、いじめ防止対策推進法の定義に入っていない。ここは条文の欠陥だと思っています。いじめの定義は異様に広いにもかかわらず、子ども同士での事柄しか想定していない。立法に関わった国会議員に質問してみたことがあるのですが、全く予想外だったようでした。

内田　的確なご指摘ですね。異様に定義は広いけど、対象が非常に狭い、と。

以前、木村さんが、社会学者の森田《もりた》洋司《ようじ》が提唱した「いじめの四層構造論」について指摘していたことが印象的です。このモデルによればいじめは、被害者と加害者の狭い二者関係ではなく、それを周りではやし立てる観衆、さらには見て見ぬふりをする傍観者という四層から成り立っている。だから傍観者であってはいけない。被害者・加害者からクラスルーム全体に視野を広げた点で、社会学的に重要な見解です。一方で木村さんは、このモデルは四層がすべて子どもで構成されていて、教師の関わりが見えない、と指摘されています。子どもにいじめの責任を押し付けかねない理屈である、と。大変興味深いご指摘です。

木村　学校という場所は子ども以外に様々な人が関わっていて、大人が関与することでいじめがさらに苛烈になってしまう。不登校問題も、教師に原因があることが少なくありません。この点は意識する必要があります。

対談を終えて

内田　今回の対談で、教師の手のひらの上にあまりにも雑多なものが集中してしまっている、それを一つひとつ明文化して整理する作業が必要なのだと感じました。教師が権限を握っていたこと、あるいは丸抱えして長時間労働に結び付いていたことを、解体していかなければならない。その意味でも、教育学の外から全く別の角度で発信してくれる木村さんの議論は貴重だと思います。

木村　ありがとうございます。一方で、私は理論の専門家なので、統計や実地調査を通じて数字を示したり、現場の話を聞いたりするということは出来ない。そういった調査には、問題意識と共に丁寧なデザインが必要なんです。その部分で内田さんの研究は非常に重要ですし、今後もこういった形で学際協力していきたいと思います。

内田さん、今日はありがとうございました。

おわりに

本書の本文の構成が定まり、あとは「おわりに」を残すのみとなった時、担当編集者がこんなコメントをくれた。「学校についてモヤモヤしていたことが、憲法のレンズを通すとはっきり見えてくるような感覚がある」

確かに、そうだなと思う。

何かを考えたり、感じたりするときには、前提になる枠組みがある。例えば、一本の木を見ることを考えてみよう。植物学の研究のために見るのか、家具を作るために見るのかでは、木の見え方は全く違うだろう。他にも、地球温暖化の影響を調べるため、木登りをするため、紅葉の美しさを楽しむためなど、「木を見る」という行動にはたくさんの枠組みがあり得る。

対象を見るための枠組みは無数にあるはずなのに、私たちは、無意識に（時には、意識的に）枠組みを限定してしまう。学校に通っていた頃の自分もそうだった。漠然とではあったが、「先生は子どもたちを支配する資格を持っている」という枠組みで考えていた。この枠組みの中では、たとえ先生による理不尽な支配があっても、「先生が支配するのは当然のこと」と感じてしまう。せめてもの対抗手段は、「その支配の眼をどうやってかいくぐるか」を考えるぐらいのものだ。

ただ、憲法を学んだことで、私は、「子どもは権利の主体だ」、「学校が子どもたちに何かを要求するには、法律の根拠と合理的な理由が必要だ」という枠組みを知った。この枠組みから学校を見ると、それまでとは全く違う学校が見えてきた。

本書を手に取ってくださった読者の皆さんが、それを感じてくださったならば、この本の狙いは大成功だと思う。本書が、子どもたちのモヤモヤを解消し、学校の先生たちに、より明るく楽しい学校をつくるきっかけにしてもらえれば、これ以上の幸いはない。

この本は、有斐閣のPR誌『書斎の窓』に連載された。有斐閣の笹倉武宏《ささくらたけひろ》さんは、〈学校を子どもたちの権利や憲法の枠組みから考える〉という、素晴らしいコンセプトを立ててくれた。連載中は、栗原真由子《くりはらまゆこ》さんが丁寧に校正・編集してくれた。KADOKAWAの黒川知樹《くろかわかずき》さんは、原稿全体を精密に読み込み、一冊の本にまとめるために充実したアイデアを出してくれた。

法学出版の老舗雑誌の連載を、現役の子どもたちに支持される出版・企画を連発する

ＫＡＤＯＫＡＷＡから単行本にしてもらったことで、本書は、しっかりとした法学の議論を、子どもを含む多くの人に分かりやすく伝えられるものになったと思う。各氏に厚く御礼申し上げる。

二〇二五年一月

木村　草太

主要参考文献一覧

芦部信喜（高橋和之補訂）『憲法〔第七版〕』岩波書店、二〇一九年
入澤充他編著『学校教育法実務総覧』エイデル研究所、二〇一六年
内田貴『民法Ⅳ　親族・相続〔補訂版〕』東京大学出版会、二〇〇四年
大村敦志『家族法〔第三版〕』有斐閣、二〇一〇年
荻上チキ『いじめを生む教室』ＰＨＰ研究所、二〇一八年
荻上チキ・内田良編著『ブラック校則』東洋館出版社、二〇一八年
奥平康弘『憲法Ⅲ　憲法が保障する権利』有斐閣、一九九三年
於保不二雄・中川淳編『新版注釈民法（25）親族（５）』有斐閣、一九九四年
兼子仁『教育法〔新版〕』有斐閣、一九七八年
川端裕人『ＰＴＡ再活用論――悩ましき現実を超えて』中央公論新社、二〇〇八年
小西洋之『いじめ防止対策推進法の解説と具体策』ＷＡＶＥ出版、二〇一四年
小林哲夫『学校制服とは何か』朝日新聞出版、二〇二〇年
坂田仰編『補訂版 いじめ防止対策推進法　全条文と解説』学事出版、二〇一八年
坂田仰編『学校のいじめ対策と弁護士の実務』青林書院、二〇二二年
佐々木幸寿『改正教育基本法　制定過程と政府解釈の論点』日本文教出版、二〇〇九年
神保哲生・宮台真司他『教育をめぐる虚構と真実』春秋社、二〇〇八年
杉原誠四郎『教育基本法――その制定過程と解釈〔増補版〕』文化書房博文社、二〇〇二年
鈴木勲編著『逐条　学校教育法〔第八次改訂版〕』学陽書房、二〇一六年
芹沢斉他編『新基本法コンメンタール　憲法』日本評論社、二〇一一年

高橋和之『立憲主義と日本国憲法〈第五版〉』有斐閣、二〇二〇年
田中耕太郎『教育基本法の理論』有斐閣、一九六一年
内藤朝雄『いじめの社会理論』柏書房、二〇〇一年
難波知子『学校制服の文化史』創元社、二〇一二年
難波知子『近代日本学校制服図録』創元社、二〇一六年
長谷部恭男『憲法〈第七版〉』新世社、二〇一八年
長谷部恭男『憲法〈第八版〉』新世社、二〇二二年
樋口陽一『近代国民国家の憲法構造』東京大学出版会、一九九四年
樋口陽一『国法学　人権原論〈補訂〉』有斐閣、二〇〇七年
樋口陽一『憲法〈第四版〉』勁草書房、二〇二一年
樋口陽一他『憲法を学問する』有斐閣、二〇一九年
藤原辰史『給食の歴史』岩波書店、二〇一八年
プラトン〈藤沢令夫訳〉『国家（上）』岩波書店、一九七九年
細川潔他『弁護士によるネットいじめ対応マニュアル』エイデル研究所、二〇二一年
宗像誠也『教育権の理論』青木書店、一九七五年
森公任・森元みのり編著『「子の利益」だけでは解決できない　親権・監護権・面会交流事例集』新日本法規、二〇一九年
文部大臣官房文書課『自明治三十年至大正十二年　文部省例規類纂』帝国地方行政學會、一九二四年
横田光平『子ども法の基本構造』信山社、二〇一〇年
渡辺康行他『憲法Ⅰ　基本権』日本評論社、二〇一六年
有井晴香・須田紗穂「制服の選択と学校における多様な性への配慮をめぐる問題」『北海道教育大学紀要（教育科学編）』七二巻二号、二〇二二年
蟻川恒正「政府と言論」『ジュリスト』一二四四号、二〇〇三年

蟻川恒正「政府の言論の法理」駒村圭吾・鈴木秀美編著『表現の自由Ⅰ』尚学社、二〇一一年
伊藤進「在学契約の特質」『ＮＢＬ』九四三号、商事法務、二〇一〇年
内田良「個性尊重のために先生が闘った」河﨑仁志・斉藤ひでみ・内田良編著『校則改革』東洋館出版社、二〇二一年
内野正幸他「【シンポジウム】最高裁と教科書裁判」『法律時報』六四巻一号、一九九二年
大島佳代子「校則裁判―黒染め訴訟からみた校則の合理性」『季刊教育法』二一一号、エイデル研究所、二〇二一年
大山直樹「校則における頭髪規制の再検討」『大正大学研究紀要』第一〇六輯、二〇二一年
奥平康弘「教育を受ける権利」芦部信喜編『憲法Ⅲ　人権（2）』有斐閣、一九八一年
神奈川県教育委員会「令和5年度神奈川県学校統計要覧」二〇二四年
鳫咲子「学校給食と子どもの貧困」阿部彩他編著『子どもの貧困と食格差』大月書店、二〇一八年
木村草太「離婚後共同親権と憲法――子どもの権利の観点から」梶村太市他編著『離婚後の共同親権とは何か』日本評論社、二〇一九年
木村草太「子どもの利益と憲法上の権利―人間関係形成の自由の観点から」梶村太市他編著『離婚後の子どもをどう守るか』日本評論社、二〇二〇年
塩野宏「基本法について」『日本学士院紀要』六三巻一号、二〇〇八年
高澤光・小林真「小学校における給食指導の問題点」『富山大学人間発達科学部紀要』一四巻一号、二〇一九年
高橋陽一「教育勅語の構造」岩波書店編集部編『徹底検証教育勅語と日本社会』岩波書店、二〇一七年
内藤朝雄「いじめ・学校・全体主義、そして有害閉鎖空間設定責任」『月報　司法書士』第五五九号、日本司法書士会連合会、二〇一八年
中川律「Yoder 判決を考える――アメリカの公教育における子どもの利益と市民育成」『法学研究論集』二六巻、明治大学大学院、二〇〇七年
長谷川京子「共同身上監護――父母の公平を目指す監護法は子の福祉を守るか」梶村太市他編著『離婚後の共同親権とは何か――子どもの視点から考える』日本評論社、二〇一九年
馬場まみ「戦後日本における学校制服の普及過程とその役割」『日本家政学会誌』六〇巻八号、二〇〇九年
星野豊「ＰＴＡの法的地位（1）～（3）」『筑波法政』六七・六八・七三巻、二〇一六～一八年
星野豊「「在学契約」と民法改正」『月刊高校教育』五〇巻九号、学事出版、二〇一七年

吉田容子「面会交流支援の実情と限界」梶村太市他編著『離婚後の子の監護と面会交流』日本評論社、二〇一八年

Anemona Hartocollis & Daniel Victor, What is affirmative action? What is the Equal Protection Clause?, *The New York Times* June 29, 2023.

Mitchell F. Crusto, A Plea for Affirmative Action, 136 *HARV. L. REV.* 205, 223(2023).

「行政事件裁判例集」
「最高裁判所刑事判例集」
「最高裁判所民事判例集」
「最高裁判所裁判集民事」
「判例時報」
「判例タイムズ」

【初出一覧】

＊編集部註：初出時より適宜タイトルを変更し、加筆修正をしました。
「おわりに」は書き下ろし、対談は新規に収録したものです。

はじめに　なぜ憲法から考えるのか？
……『書斎の窓』第675号、2021年5月、有斐閣

第一章　親の権利はどこまでか——親権、PTA
一、「親の権利」を正当化するもの……『書斎の窓』第676号、2021年7月、有斐閣
二、単独親権と共同親権……『書斎の窓』第677号、2021年9月、有斐閣
三、子どもの人権と非合意強制型共同親権——教育現場でできること……『時報 市町村教委』第312号、2024年9月、全国市町村教育委員会連合会
四、PTAの法律問題——入退会の自由と非会員の排除禁止……『月報　司法書士』第576号、2020年2月、日本司法書士会連合会

第二章　「学校」は何を果たすべきか
一、教育の内容——教育基本法……『書斎の窓』第678号、2021年11月、有斐閣
二、義務教育の機能と課題——学校教育法……『書斎の窓』第679号、2022年1月、有斐閣

第三章　誰が教育内容を決めるのか——校則、制服、教科書
一、二つの教育モデル……『書斎の窓』第680号、2022年3月、有斐閣
二、校則の位置づけ……『書斎の窓』第681号、2022年5月、有斐閣
三、「校則は強制ではない」は本当か……『書斎の窓』第682号、2022年7月、有斐閣
四、制服の意義と問題点……『書斎の窓』第683号、2022年9月、有斐閣
五、教科書検定と検閲の境界……『書斎の窓』第684号、2022年11月、有斐閣

第四章　学校を「安全」な場所にするために——給食、いじめ
一、給食と教育……『書斎の窓』第685号、2023年1月、有斐閣
二、いじめ問題の現状……『書斎の窓』第686号、2023年3月、有斐閣

補論　男女別学・男女別定員制と平等権
……『季刊 教育法』第219号、2023年12月、エイデル研究所

装　丁　大原由衣
装　画　ムラサキユリエ
撮　影　後藤利江
ＤＴＰ　ニッタプリントサービス

木村草太（きむら　そうた）
1980年神奈川県生まれ。東京大学法学部、同大学院法学政治学研究科助手を経て、2016年より東京都立大学大学院法学政治学研究科教授。専攻は憲法学。平等原則、差別されない権利、子どもの権利を中心的なテーマとして研究に取り組みながら、講演会や新聞、テレビなどマス・メディアを通じた情報発信を続けている。著書に、『憲法の創造力』（NHK出版新書）、『集団的自衛権はなぜ違憲なのか』（晶文社）、『憲法という希望』（講談社現代新書）、『自衛隊と憲法』（晶文社、のち増補）、『「差別」のしくみ』（朝日選書）、『憲法』（東京大学出版会）、編著に『子どもの人権をまもるために』（晶文社）など多数。

憲法《けんぽう》の学校《がっこう》
親権《しんけん》、校則《こうそく》、いじめ、ＰＴＡ《ピーティーエー》——「子《こ》どものため」を考《かんが》える

2025年２月20日　初版発行

著者／木《き》村《むら》草《そう》太《た》

発行者／山下直久

発行／株式会社KADOKAWA
〒102-8177　東京都千代田区富士見2-13-3
電話　0570-002-301（ナビダイヤル）

印刷・製本／大日本印刷株式会社

●お問い合わせ
https://www.kadokawa.co.jp/（「お問い合わせ」へお進みください）
※内容によっては、お答えできない場合があります。
※サポートは日本国内のみとさせていただきます。
※Japanese text only

定価はカバーに表示してあります。

ISBN 978-4-04-115506-6　C0037